ACCIÓN DE GRACIAS

MÁS QUE UNA FIESTA NAVIDEÑA

DAVID O. EKUNDAYO

ACCIÓN DE GRACIAS: MÁS QUE UNA FIESTA NAVIDEÑA
Derechos de autor © 2025 David O. Ekundayo

La solicitud de información adicional debe dirigirse a:
EL ALCANCE INTERNACIONAL DE KINGFISHERS
www. info@kingfishersoutreach.org

ISBN: 9780954876388

A menos que se indique lo contrario, los textos de las Escrituras son de THE NEW KING JAMES VERSION, Copyright © 1982, Thomas Nelson, Inc.

Escritura citada con permiso. Las citas designadas (NVI) son de LA SANTA BIBLIA: NUEVA VERSIÓN ® INTERNACIONAL. NVI ©. Copyright © 1973, 1978, 1984 por la Sociedad Bíblica Internacional. Utilizado con permiso de la editorial Zondervan.

Publicado por

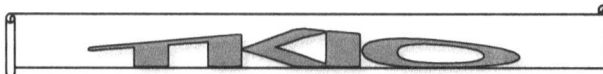

EL ALCANCE INTERNACIONAL DE KINGFISHERS

Hacer vencedores a las víctimas; construyendo un pueblo de alabanza para el mover de Dios en el tiempo del fin

PRÓLOGO

Al celebrar el Primer Día de Acción de Gracias en agradecimiento por una cosecha exitosa que garantizó su supervivencia en 1621, los Padres Peregrinos demostraron su comprensión del concepto de la fiesta que ahora es la piedra angular de la sociedad estadounidense, pero el Día de Acción de Gracias es más que un día festivo.

La Biblia nos exhorta a: «Den gracias al Señor, porque es bueno, porque para siempre es su misericordia» (Salmo 136:1). Por lo tanto, la acción de gracias se trata principalmente de la bondad que Dios nos muestra y de cómo respondemos a ella, mostrando nuestro aprecio por su amor y reconociendo su misericordia, sin la cual no podemos existir. La acción de gracias es, por lo tanto, fundamental para nuestra existencia y un tema que vale la pena estudiar a fondo.

Sin embargo, para la mayoría de las personas, su comprensión de la acción de gracias se limita a una festividad nacional o a un programa en la Iglesia para agradecer el amor de Dios. Aunque ambos reconocen la bondad de Dios, no son las únicas razones por las que debemos agradecerle.

Este libro busca ofrecer una prueba irrefutable de que la acción de gracias es más que una fiesta de pavo y que no se limita a las cuatro paredes de la Iglesia.

La acción de gracias es un mandato divino, un estilo de vida, una celebración, un pacto, una semilla para nuestra victoria, un remedio médico, un arma de guerra espiritual, una brújula para navegar por la voluntad de Dios, un conducto para apropiarse de las promesas de Dios, un escudo de protección espiritual que ayuda a guiar nuestras vidas hacia el cumplimiento de nuestro destino y una estrategia para ganar las batallas de la vida.

Quienes agradecen a Dios viven su mejor vida. Así que, aprende lo que se necesita para ser agradecido en todo el sentido de la palabra.

TABLA DE CONTENIDO

Acción de Gracias: Anticipación, reflexión y celebración

«Acción de gracias» es una palabra fundamental y funcional que significa diferentes cosas para cada persona. Sin embargo, ya sea como un acto de celebración nacional, congregacional o personal, es algo que hacemos y que nos impacta positivamente. Por lo tanto, es una gran oportunidad para profundizar en este tema y comprender mejor por qué debemos agradecer a Dios.

El nombre 'Acción de Gracias' lo delata. La idea es que demos gracias a Dios como nuestro principal objeto de adoración. Sin embargo, cuando se habla de acción de gracias, los otros dos conceptos que vienen a la mente son la alabanza y la adoración. Hay diferencias técnicas entre los tres, pero generalmente se usan indistintamente, en el sentido de que lo que se aplica a la acción de gracias también se aplica a la alabanza y la adoración; todos operan de acuerdo con los mismos principios.

Por lo tanto, no haré diferenciaciones técnicas, lo que implica que cuando hablo de acción de gracias, también se aplica a la alabanza y la adoración.

Entonces, ¿cuál es la diferencia entre alabanza, adoración y acción de gracias? Adoramos a Dios porque Él es santo. La santidad es un atributo específico y absoluto de Dios. Por lo tanto, toda otra forma de santidad proviene de Él. Por lo tanto, adoramos a Dios en la belleza de la santidad al reconocer que Él es digno de nuestra adoración. Es un Dios santo. Por eso lo adoramos.

Alabamos a Dios por lo que Él es: Su grandeza celestial y porque Él es Dios. Nuestra alabanza no quita ni agrega a Su esencia. Simplemente reconoce a Dios por lo que ya es. Él es Dios y es digno de nuestra alabanza. Por eso, alabamos a Dios por lo que Él es.

Damos gracias a Dios por su bondad hacia nosotros y por todo lo que ha hecho en nuestras vidas. Así, la adoración reconoce la esencia y la santidad de Dios, la alabanza reconoce su carácter, y la acción de gracias reconoce las obras de Dios: sus logros en nosotros y a nuestro alrededor.

Aunque dije que no me centraría en las diferencias entre los tres y por lo tanto los agruparía como acción de gracias, es digno de mención que todos operan en un continuo, comenzando con la acción de gracias, progresando a la alabanza y concluyendo con la adoración. El Templo del Antiguo Testamento combina los tres aspectos de la relación con Dios: entramos por Sus puertas con acción de gracias y accedemos a los atrios de Su presencia con alabanza. Nuestra adoración solo es posible cuando reconocemos Su presencia y poder en el Lugar Santísimo, donde disfrutamos de la comunión con Dios.

Sin embargo, trataré de diferenciar entre las tres formas de acción de gracias para facilitar nuestra comprensión del tema y comprender mejor el mandato de Dios de dar gracias en todo.

La acción de gracias se presenta en tres formas: reflexiva, anticipatoria y celebrativa. El carácter de nuestra acción de gracias determina qué hacemos con ella, cómo impacta nuestras vidas y cómo podemos aprovecharla en nuestro afán por obedecer el mandato de Dios de dar gracias en todo. Es reflexiva cuando reflexionamos sobre su bondad, anticipatoria cuando anticipamos su grandeza y celebrativa cuando celebramos sus bendiciones.

La acción de gracias reflexiva implica tomarse un tiempo para reflexionar y apreciar lo que Dios ha hecho, como lo hacemos, por ejemplo, cada Año Nuevo. Pensamos en el año que termina: las cosas que han pasado, los retos que hemos superado y las cosas que cambiaremos si tenemos la oportunidad. Parafraseando al filósofo francés René Descartes, quien escribió: "Pienso, luego existo". Pensamos, por lo tanto, agradecemos, y al agradecer a Dios, lo apreciamos por lo que es y por lo que ha hecho por nosotros. Esa es la esencia de la acción de gracias reflectora.

La acción de gracias anticipada implica anticipar lo que Dios hará y proyectar nuestra gratitud hacia el futuro con la expectativa de experimentar su bondad en reconocimiento de su carácter confiable y la infalibilidad de su palabra.

La acción de gracias celebratoria es la más fácil de definir de las tres porque es la más común y nos resulta natural. Por ejemplo, damos gracias a Dios habitualmente por permitirnos ver el Año Nuevo o el mes nuevo, y por cada logro y cosa buena que nos sucede. Para explicar mejor el concepto de la acción de gracias reflexiva, citaré un estudio del profesor Tony Campolo, sociólogo cristiano, en el que formuló una pregunta y la presentó a un grupo de octogenarios y nonagenarios. Preguntó: «Si tuvieran que hacerlo todo de nuevo, ¿qué harían diferente?». Estas personas estaban más cerca del final de sus vidas que la mayoría. Habían vivido mucho tiempo y se les preguntaba si pudieran cambiar algo de sus vidas, ¿qué sería?

Al recopilar sus respuestas y cotejar los resultados, las respuestas se dividieron en tres grandes categorías. El primer grupo dijo: «Si tuviera que hacerlo todo de nuevo, reflexionaría más». El segundo dijo: «Si tuviera que hacerlo todo de nuevo, me arriesgaría más». El tercer grupo dijo: «Si tuviera que hacerlo todo de nuevo, haría algo que me sobreviviera».

Tomar las tres categorías de respuestas en conjunto nos da una idea de cómo deberíamos vivir nuestras vidas. Aunque la mayoría de nosotros aún no tenemos 80 o 90 años, si logramos incorporar estas respuestas a nuestras vidas, llevaremos vidas altamente productivas en todos los sentidos, porque todas las cosas por las que debemos estar agradecidos se reflejan en ellas.

La esencia de sus respuestas es que, al reflexionar más, nos damos cuenta de nuestros errores y los corregimos rápidamente. Debido a que muchas personas rara vez reflexionan, simplemente viven como si no hubiera fin. Algunas personas viven como si nunca fueran a morir. Se comportan como si la muerte nunca llegara. Algunas personas están tan dominadas por la tiranía del poder que viven como si no hubiera un mañana. Una vez que alcanzan el poder, es imposible relacionarse con ellos. Olvidan que el poder es transitorio. Si tan solo pudieras tomarte un tiempo para pensar y decirte a ti mismo: "Está bien, tengo este poder hoy, pero ¿qué será de mí mañana si ya no lo tengo?" Si podemos reflexionar sobre el temor de Dios, esto afectará nuestras acciones posteriores.

La reflexión nos ayuda a identificar y corregir nuestros errores y así vivir vidas más productivas. Estos octogenarios y nonagenarios vivían, en gran medida, en arrepentimientos, diciendo que, si tuviera que volver a vivir, si Dios me diera 20 años más, haría las cosas de manera diferente. La buena noticia para nosotros es que, por la gracia de Dios, viviremos más de 20 años. Así que ahora tenemos tiempo para reflexionar y decir: "Bueno, he llegado hasta aquí. ¿Cómo llegué aquí? ¿Qué podría haber hecho de manera diferente? ¿Cuáles son los caminos que podría haber recorrido y los que no debería haber recorrido? ¿Por qué tomé este camino cuando podría haber tomado aquel?" Esto es lo que haré de manera diferente en el futuro.

Al responder: "Arriesgaría más", estos sabios y sabias afirmaron que tendrían menos oportunidades de arrepentirse de las oportunidades perdidas o sin explotar. Algunas oportunidades se nos presentan, pero por miedo o inseguridad de que funcionen, decidimos no arriesgarnos y, por lo tanto, las perdemos. Sin embargo, después de reflexionar nos decimos a nosotros mismos: "Ah, si vuelvo a tener una oportunidad así, esta vez me arriesgaré" y la única forma de llegar a esa conclusión es reflexionando.

Así, podemos asumir más riesgos porque ya no somos demasiado cautelosos. Asumir más riesgos ante los desafíos y las oportunidades de la vida nos permitirá sacarle más provecho y marcar una diferencia. Estar dispuestos a asumir riesgos y corregir nuestros errores nos permite vivir más, aprender y beneficiarnos de ellos. Es por eso por lo que la reflexión es importante y por qué tomar riesgos y hacer algo que perdure en el tiempo es importante.

Cuando algunas personas reflexionan sobre sus vidas, toda gira en torno a ellas: mi casa, mi coche, mi carrera, mi negocio. Nunca en nada que las supere. Y una vez que las eliminas de la ecuación, no les queda nada. Se dan cuenta demasiado tarde de que el éxito se mide mejor cuando se trabaja en equipo, o cuando permites que otros triunfen y los elevas a nuevas alturas. No se trata solo de ti. Esa fue la verdad que estos encuestados mayores comprendieron cuando ya tenían entre 80 y 90 años. Si hubieran aplicado esa misma verdad a los 20 y 30 años, y a lo largo de sus vidas, habría tenido un impacto en quienes los rodeaban. Habría impactado sus matrimonios, negocios, círculos de amigos y todos los demás aspectos de sus vidas.

Por lo tanto, tenemos la oportunidad de mirar a nuestro alrededor en este momento y decir: "Bien, Dios me ha ayudado hasta aquí. ¿Qué puedo hacer ahora para mejorar mi relación con esta o aquella persona? ¿Puedo intentar mejorar mi matrimonio o a mí mismo?". La reflexión nos ayudará a establecer nuestras prioridades y a decidir qué es lo que realmente importa.

Nuestro principal desafío es diferenciar entre lo que no es importante y lo que sí lo es. Alguien podría haber dicho algo que no te gustó. Así que guardas rencor durante muchos años, pero ¿realmente importa aferrarse a él? ¿Te ayuda a cumplir tu destino? Si te das cuenta de que solo te quedan cinco años de vida, ¿seguiría importando ese rencor? No. Lo pasarás por alto y olvidarás que sucedió porque sabes que, en el contexto general, no es importante. Entonces, centrémonos en disfrutar y trabajar juntos para lograr algo y dejar un legado positivo.

Al reflexionar más, puede decidir qué importa y qué no. Luego, enfoca sus recursos en lo que es importante y hace todo lo posible con todo lo que tiene para obtener los mejores resultados. La razón por la que muchos de nosotros vivimos de todos modos es que rara vez pensamos en el impacto de nuestras acciones, ya sea en nuestras propias vidas o en las vidas de los demás. Al reflexionar más, podemos revisar nuestras acciones pasadas y tomar mejores decisiones a largo plazo.

Entonces, la simple verdad es que estos veteranos, las personas de 80 y 90 años, han dicho en pocas palabras que deberíamos estar más agradecidos en nuestras vidas porque cuando reflexionamos más y estamos agradecidos, vemos las cosas como realmente son.

Sí, es posible que tenga problemas de salud, pero aún no está muerto. Puede que tengas dificultades financieras, pero no es elfin del mundo. Dios te abrirá un camino. Sí, es posible que tengas problemas en tus relaciones. ¿Y qué? Dios cambiará las cosas por ti. Mientras tengas vida, tienes todo lo que necesitas para vivir y vivir en santidad. Puedes agradecer a Dios y comenzar desde donde estás, para que puedas llegar a donde quieres estar.

Este hecho es confirmado por el dicho yoruba: 'Aquellos que saben reflexionar también saben ser agradecidos'. Al reflexionar, puedes poner todo en perspectiva. No permites que las cosas se vuelvan tan exageradas que destruyan lo que es importante.

René Descartes dijo: "Pienso, luego existo". Piensas, luego te conviertes en lo que pensabas.Nuestro problema es que estamos demasiado ocupados para pensar. Estamos demasiado ocupados para pasar tiempo de calidad solos y reflexionar profundamente sobre lo que es importante, y debido a que rara vez reflexionamos lo suficientemente profundo, cuando se nos presentan desafíos, rara vez sabemos qué es importante para nosotros, qué es más importante aferrarse o qué es menos importante dejar ir. Sin embargo, la acción de gracias reflexiva es algo que podemos hacer simplemente mirando al pasado para ayudarnos a situar nuestro presente y planificar nuestro futuro.

En comparación con el enfoque más relajado de Reflexy thanksgiving, Anticipatory thanksgiving es más proactivo y, por lo tanto, mira hacia el futuro. Es una forma de acción de gracias que es a la vez agresiva y creativa. Implica el despliegue activo de la fe y todos los riesgos que esto conlleva.

Puedes reflexionar pero no puedes cambiar tu pasado. Puedes aprender de él y aplicar las lecciones aprendidas en el futuro. Como alguien dijo, el pasado es una moneda gastada. Hoy es todo el dinero que tienes para gastar. Mañana es solo un pagaré. Nadie puede garantizar que vivirás para gastarlo. No puedes cambiar tu pasado. Todo lo que tienes es hoy. Entonces, gástalo sabiamente.

Por lo tanto, la acción de gracias anticipada implica correr el riesgo de la fe con respecto a dar forma a su mañana agradeciendo a Dios hoy por un mañana más feliz. Es por eso que lo llamamos acción de gracias anticipada.

John Wimber dijo: "La fe se escribe R.I.S.K." Para vivir por fe, debes correr riesgos. Esos ancianos entendieron que la vida se trata de tomar riesgos y dijeron: "Oh, si tengo que vivirlo todo de nuevo, tomaré más riesgos. Donde antes había tenido demasiado miedo, ahora me doy cuenta de que no había necesidad de tener miedo. Si me hubiera arriesgado, habría logrado más". Por lo tanto, no correr riesgos es cortejar el fracaso.

Amar es arriesgarse al rechazo; elige amar de todos modos. Es mejor haber amado y perdido que no haber amado nunca porque temías el rechazo. Nada que valga la pena en la vida está exento de riesgos. Cada vez que intentas alcanzar el éxito, corres el riesgo de fracasar, pero al decir: "No intentaré tener éxito porque no quiero fracasar", ya te has menospreciado. No lograrás nada. Thomas Edison dijo: "Un hombre que nunca ha fallado nunca ha intentado nada". Esa era la sabiduría que comunicaban estos sabios. Pensaron: "Si tan solo pudiera hacer esto de nuevo, o si hubiera hecho aquello, las cosas habrían sido diferentes".

A veces tenemos que arriesgarnos al rechazo para experimentar el amor. Es entonces cuando obtenemos el beneficio de lo que significa amar o vivir en amor. Así que arriesgar la fe significa apostar nuestras vidas a la palabra de Dios y decir: "Dios, tú has hablado. Creo en tu palabra. Lo recibo". Ya está establecido en mi vida.

La acción de gracias anticipada significa que ya sabes lo que dice la palabra de Dios. Entonces dices: "Señor Dios, porque eres Dios, te doy gracias. Te exalto. Te engrandezco. Te glorifico. Sé que me ayudarás". Por eso la Biblia dice que en todo debemos dar gracias. Pero también dice en Filipenses 4:6: "Por nada os afanéis. Pero en todo, con oración, súplica y acción de gracias, presentemos nuestras peticiones a Dios".

Normalmente, agradecer a alguien solo viene después de que alguien nos haya hecho un favor y mostremos nuestro agradecimiento. Por ejemplo, podemos decir: "Gracias, Señor Dios, por darme una casa". "Gracias, Señor Dios, por alimentarme". "Gracias, Señor Dios, por la buena salud".

Por las bendiciones que ya disfrutas, tu acción de gracias es de celebración o reflexiva. Le agradeces a Dios por todo lo que ha hecho diciendo: "Señor, te bendigo por lo que has hecho. Te alabo. Celebro tu amabilidad".

Sin embargo, cuando le das gracias a Dios antes de que las cosas que pediste se manifiesten físicamente, pero con la expectativa de que se cumplan en la plenitud de los tiempos, eso es agradecimiento anticipado. El apóstol Pablo escribió en Filipenses: "Por nada estéis afanosos, sino en toda ocasión con oración, ruego y acción de gracias…".

Cuando se enfrenta a desafíos, Dios dice: "No te preocupes. No te preocupes. Solo reza". Dios dijo: "Pídeme, y te daré todo lo que me pidas. Invoca mi nombre y te responderé". Dios dice: "Pedid porque sólo el que pide, recibe. El que busca encuentra, y al que llama a la puerta se le abrirá". Mateo 7:8 Jesucristo dijo que si le pides algo al Padre en su nombre, él lo hará. Juan 14:13-

14 Si pedimos algo al Padre en su nombre, sepamos que nos oye; y porque sabemos que Él nos escucha, le damos gloria en anticipación de recibir la respuesta.

Incluso si no has visto lo que le estás pidiendo a Dios, aún puedes decir: "Gracias, Señor". ¿Por qué? Porque sabes que Dios te ha respondido de acuerdo con Su palabra. Por lo tanto, agradeces a Dios con fe, porque la fe cree y luego recibe. Es estar seguros de lo que no vemos y de lo que todavía esperamos. Eso es temprano en el Día de Acción de Gracias.

Por ejemplo, al comienzo de cada año, damos gracias a Dios con fe, incluso si no sabemos qué desafíos traerá el año. Lo que sí sabemos es que, ya sea un año maravilloso o no, Dios sigue siendo Dios. Sigue siendo digno de nuestra gratitud. Su palabra sigue siendo la misma. Él no cambia y nunca miente. Todavía es digno de nuestra alabanza. Todavía tenemos que agradecerle por el hecho de que estamos vivos. Entonces, al agradecer a Dios de antemano, proyectamos nuestra fe hacia el futuro y aprovechamos Su poder para darle forma. Decimos: "Señor Dios, te agradezco porque sé que cuidarás de mí". Es todo. Entonces, sabes que cada vez que surjan problemas, orarás y continuarás agradeciendo a Dios por su resolución. Por lo tanto, damos gracias a Dios por el pasado, el futuro y el presente.

La acción de gracias celebratoria implica mostrar aprecio a Dios por lo que ha hecho, en general recientemente, pero también en el pasado. Es cuando compartimos nuestro testimonio: «Dios ha hecho esto por mí, o Dios ha hecho aquello por mí, y le doy gracias». Quizás has estado pasando por dificultades y Dios responde a tu oración y te bendice. Por supuesto, le agradecerás.

De las tres formas de acción de gracias, la más difícil es la acción de gracias anticipada. Lo más fácil es celebrar el Día de Acción de Gracias. Es un hecho que agradecemos a Dios siempre y cuando nos bendiga, porque agradecerle es algo natural cuando la vida es buena. Este fue el crimen que Satanás acusó a Job de cometer. Dijo acusadoramente: "Claro, ¿por qué Job no te adoraría? Mira lo bendecido que es. Mira a sus hijos; son bendecidos. El negocio está en auge. Mira al hombre, incluso está gordo. ¿Por qué Job no te adoraría?"

Por lo tanto, es natural adorar a Dios cuando las cosas van bien y más desafiantes en tiempos difíciles, pero como Dios es Dios cuando estamos en la cima de la montaña y lo mismo cuando estamos en el valle, lo alabamos y le damos gracias todo el tiempo. Por eso David dijo: «Bendeciré al Señor en todo tiempo; su alabanza estará continuamente en mi boca». Salmo 34:1. Es la razón por la que el apóstol Pablo escribió: «Dad gracias en todo, porque esta es la voluntad de Dios para con vosotros en Cristo Jesús», demostrando que la acción de gracias es lo que Dios espera de nosotros.

El Día de Acción de Gracias debe ser una actitud que guíe nuestras acciones, no solo limitada a ellas. Es la misma razón por la que este principio también se aplica a la alabanza y la adoración. Para muchas personas, la adoración es algo que solo se hace dentro de las cuatro paredes de la iglesia, pero Dios dice que busca a aquellos que lo adoren en espíritu y en verdad. Juan 4:23. Por lo tanto, adorar a Dios debe ser una actitud, algo que proviene de lo más profundo de nuestro ser y que practicamos en todas partes. Debemos convertirnos en adoradores en todo lo que hacemos. Por lo tanto, conducir el automóvil constituye nuestra adoración a Dios. Comer es adorar a Dios. Todo lo que hacemos es adorar. Por lo tanto, no puede restringirse solo a las cuatro paredes de la iglesia o designarse como un "Servicio de Acción de Gracias". Toda tu vida debe ser una alabanza a Él. La Biblia dice que Él nos ha llamado de las tinieblas a Su luz maravillosa, pero ¿para qué? Para manifestar Su alabanza. 1 Pedro 2:8.

Por lo tanto, nuestra acción de gracias debe trascender nuestras acciones y convertirse en un estilo de vida. Se trata de que "seamos" antes de "hagamos". Ser "seres humanos" es lo que nos define y determina lo que hacemos.

Entonces, cuando cultivas un corazón agradecido, siempre ves una razón para agradecer a Dios en todo, especialmente cuando enfrentas dificultades. Por eso Habacuc pudo decir: "Aunque la higuera no florezca... y no hay ganado en el establo...". Esas son situaciones difíciles. Sin embargo, su respuesta fue: "Aún así, alabaré a Dios. Le daré gracias al Dios por mi salvación". ¿Por qué? Debido a que Dios es bueno, Dios es grande todo el tiempo, no solo a veces.

Entonces, ¿cómo se complementan las tres formas de acción de gracias: reflexiva, celebrativa y anticipatoria? Simplemente significa que Dios espera que siempre estemos agradecidos. Reflexionar sobre la bondad de Dios abre las puertas de nuestras vidas para asegurar su favor, para que nos dé lo que necesitamos. Un corazón agradecido atrae el favor de Dios y expulsa al enemigo de tu vida. Frustrará cualquier intento del enemigo de distraerte o dañarte.

Recuerda a Job. Después de que le sucedió lo peor que le pudo pasar a cualquier hombre, la Biblia dice: "Y Job se inclinó y adoró a Dios". Él dijo: "Señor, te doy gracias. Desnudo vine a este mundo, desnudo volveré. Señor, te doy toda la gloria, te doy todo el honor. Sé que mi vida está en tus manos". Y debido a que Job adoró a Dios en su angustia, el enemigo no pudo destruirlo. Habría sido diferente si Job se hubiera quejado o se hubiera rebelado contra Dios. Habría abierto su vida al enemigo y habría sido destruido.

Entonces, la acción de gracias reflexiva significa que incluso si admitimos errores pasados al reflexionar y agradecer a Dios por Su bondad, Dios puede hablarnos. Él nos dirá: "Vamos, perdona a esa persona". "Oh, haz esto o aquello". Prestar atención a la palabra de Dios te elevará a donde necesitas estar y frustrará el intento de Satanás de derribarte.

Usando la historia de José y sus horribles experiencias como ejemplo, ¿crees que fue fácil cuando vio a sus hermanos, quienes lo vendieron como esclavo y casi lo matan después de muchos años? Estaba tan emocionado que se echó a llorar. Quizás, y esto es algo que he experimentado, piensas que ya has perdonado a alguien, hasta que vuelve a tu vida y todo vuelve a la vez: el dolor, la herida, etc. Así es como se sintió José, ¿y qué hizo? Se retiró a su santuario interior y lloró desconsoladamente.

José sintió el impulso de vengarse de sus hermanos por el mal que le habían hecho, pero también sabía que la venganza era responsabilidad de Dios. En cambio, pidió gracia y oró: "Señor, ayúdame a amar a mis hermanos", y Dios respondió a su oración. José reflexionó sobre la situación y vio la mano de Dios en su vida. Al enfrentarse a sus hermanos, concluyó: "Ustedes querían hacerme mal, pero Dios lo transformó en bien".

La acción de gracias reflexiva te permite ver el panorama general y alcanzar ese nivel en el que eres capaz de perdonar, olvidar y seguir adelante con tu vida. ¿Por qué? Porque al reflexionar y agradecer a Dios, puedes permanecer en la voluntad de Dios para tu vida y experimentar Su favor. Esto confirma el dicho yoruba de que un hijo agradecido siempre tiene garantizados los favores futuros de su padre. ¿Por qué? Porque la gratitud atrae favor.

Por lo tanto, cerrar el círculo virtuoso de la acción de gracias requiere que siempre agradezcamos a Dios anticipando su bondad, ya que la anticipación siempre precede al cumplimiento.

La palabra "anticipar" significa esperar recibir lo que anhelas. La respuesta de Job a su calamidad fue: "Lo que temía me ha sucedido", lo que demuestra que todo lo que esperas es realmente lo que atraes a tu vida. Por lo tanto, a través de la acción de gracias anticipada, hacemos espacio para Dios en nuestras vidas al anticipar lo que Él hará, a medida que nuestro temor de Dios atrae Su favor. La realidad es que cualquier cosa que esperes nunca te tomará por sorpresa. ¿Por qué? Porque sabes que viene. A través de la acción de gracias, cambiamos nuestros temores de lo que Satanás, el hombre o las circunstancias pueden hacernos por la fe en la incomparable capacidad de Dios para cuidarnos y prosperarnos sin importar las circunstancias, y así guiarnos al plan de Dios para bendecirnos.

Después de orar eficazmente, ya no estás ansioso, porque la paz de Dios desciende sobre ti. Has orado, suplicado y agradecido a Dios. Sabes que Dios te dará el entendimiento que te hará saber que porque he orado y creído, las bendiciones vendrán a mí.

La paz que surge al saber que Dios te respalda influye en tu perspectiva y moldea tu comportamiento. La gente podría preguntarse: "Pensé que dijiste que tenías un problema". Responderás: "Sí, lo tenía, pero ya es cosa del pasado. Mi Dios lo está resolviendo. Ya no tengo un problema porque Dios lo está manejando. Solo estoy esperando que aparezca la solución".

Nuestra mentalidad positiva y expectante, basada en la fidelidad de Dios, nos permite celebrar con la esperanza de que su promesa se cumpla. Entonces, cuando sucede algo malo, en lugar de quejarnos, decimos: "Dios, te bendigo porque tengo la victoria. Mi victoria aún está por llegar; Todavía no ha llegado, pero sé que lo hará". Entonces, comienzas a alabar a Dios.

Por lo tanto, ¿cuál debería ser tu estrategia para vivir una vida agradecida?

1. **Empieza desde donde estás.**

No hay mejor momento o lugar para comenzar a agradecer a Dios que el presente. No digas: "Esperaré a que las cosas mejoren antes de comenzar a agradecer a Dios". Si ese fuera el caso, ya habrías negado el mandato de Dios en Filipenses 4:6, que dice: "Por nada os afanéis, sino en todo con oración, súplica y acción de gracias". Él dice: "En todo". Así que no te sientes ahí. ¡Gracias a Dios! En el Salmo 104:33-34, David escribió: "Cantaré al Señor mientras viva; Cantaré alabanzas a mi Dios mientras viva. Que mi meditación te sea agradable; Me regocijaré en el Señor". Mientras vivas, alaba a Dios, bendice Su nombre y agradécele, porque esa es la medida de tu fe en Él, que Él cumplirá lo que prometió.

El Salmo 126:6 afirma que aquellos que salen llevando su semilla con llanto sin duda regresarán con canciones de alegría, trayendo sus gavillas. Cada vez que siembras tu semilla de agradecimiento, puedes tener la confianza de que cosecharás el gozo del Señor en la plenitud de los tiempos.

2. Comienza con lo que tienes, sin importar cuán pequeño sea.

Zacarías 4:10 dice: "¿Quién menospreció el día de las cosas pequeñas? Porque estos siete se regocijan cuando ven la plomada en la mano de Zorobabel. Son los ojos del Señor que viajan por toda la tierra". Entonces, comience desde donde está y con lo que tiene. No digas: "Le daré gracias a Dios cuando mi bendición alcance cierto nivel". Empieza desde donde estás. Cuenta tus bendiciones, nómbralas una por una. Tal vez puedas nombrar cinco hoy, concentrarte en los cinco y comenzar a agradecer a Dios por lo que tienes. Pronto, Él derramará Sus bendiciones sobre ti, y estarás agradeciendo a Dios por cincuenta bendiciones adicionales. Entonces llegarás al punto en el que dirás: "Dios, estoy abrumado". Comienza con lo que tienes, por poco que tengas, y bendice a Dios, porque aunque tu comienzo sea pequeño, tu final será realmente grande.

¿Recuerdas lo que hizo Jesucristo cuando alimentó a los cinco mil? Desafió a sus discípulos: "Vayan y alimenten a la gente", y los discípulos respondieron: "Señor, ¿estás loco? ¿Alimentar a cinco mil personas? ¿Con qué? ¿Dónde vamos a encontrar comida en este lugar desierto?" Jesús solo estaba probando su fe. Ya sabía lo que quería hacer. Él solo les dijo: "Miren a su alrededor, vean lo que tienen", y pudieron traerle dos panes y cinco peces. Jesucristo bendijo la comida, y entonces, ¿qué sucedió? Se expandió, multiplicó y alimentó a cinco mil personas, con sobras tangibles para el donante original. Lo que sea que tengas, considéralo una semilla. El principio del crecimiento es que cualquier cosa que no te nutra lo suficiente o satisfaga tu necesidad es una semilla que debes sembrar para cosechar una cosecha abundante en el futuro. Siembra tu semilla y Dios la multiplicará. Crecerá, se reproducirá y dará frutos. Ustedes comen el fruto, pero siembran la semilla.

3. **Sé agradecido por lo que tienes en lugar de centrarte en lo que te falta y quejarte de ello.**

Esta es la razón principal por la que muchos de nosotros nos metemos en problemas y somos tan miserables. El mundo occidental debería, en términos de riqueza material, tener a las personas más felices de la tierra. Tienen autos, casas y se van de vacaciones como si pasara de moda; cosas que deberían hacerlos las personas más felices del planeta. Sin embargo, al encuestar a las personas más felices, los ganadores suelen ser países con privación material relativa, donde algunos ni siquiera tienen un techo sobre sus cabezas. ¿Por qué? Porque hemos llegado a un punto en el que nos sentimos demasiado autorizados y ya no estamos agradecidos o satisfechos con lo que tenemos. Tendemos a centrarnos en lo que Dios no ha hecho y en las cosas que nos faltan, cuando deberíamos estar agradeciendo a Dios por lo que ya ha hecho, anticipando lo que hará a continuación. Nuestra oración debe ser: "Dios, puede que no esté donde quiero estar, pero te agradezco que no estoy donde solía estar". Hay un dicho que dice que un pájaro en la mano es mejor que dos en el monte. Cuando estás agradecido por lo que ya tienes y valoras lo poco que tienes, verás a Dios derramar Su gracia en tu vida. Par conséquent, être reconnaissant au lieu de se plaindre garantira la présence de Dieu dans nos vies, prouvant que la piété avec le contentement est un grand gain.

4. Comprende que las cosas que das por sentado constituyen los mayores deseos insatisfechos de los demás.

Por ejemplo, puedes mirar tu coche de dos años y quejarte: «Ya no me gusta este coche», y ponerlo a la venta. Lo que ya no quieres es lo que otros se apresurarán a comprar porque satisface sus necesidades. La razón por la que debes estar agradecido es que mucha gente aún no tiene lo que tú tienes y has dado por sentado. Sea lo que sea que tengas: salud, felicidad, hijos, etc. Simplemente di: «Señor Dios, te doy gracias por todo lo que me has dado».

Tienes muchas razones para agradecer a Dios, y el punto de partida es tu vida. Solo los vivos pueden alabar a Dios. Por lo tanto, no puedes decir que no tienes ninguna razón para agradecerle. Tienes mucho que agradecerle.

Si reflexionas y piensas profundamente, tendrás la oportunidad de mirar a tu alrededor y ver lo que falta en la vida de quienes te rodean, algo en lo que ni siquiera piensas porque nunca ha sido un problema para ti.

Solo sabes lo bendecido que eres cuando enfrentas desafíos en áreas específicas de tu vida que antes dabas por sentado. La importancia de estar saludable solo se hace evidente cuando estás luchando con problemas de salud y las cosas no funcionan como deberían. Sentir dolor en las yemas de los dedos te hace apreciar la fuerza de alguien que experimenta dolor desde la coronilla hasta la punta de los dedos de los pies. Por lo tanto, comprenda que no tenemos que quejarnos si no tenemos zapatos, porque alguien no tiene piernas para caminar. Siempre tendrás una razón para agradecer a Dios; solo necesitas encontrarlo.

Finalmente, ¿quién debe dar gracias? Cualquiera y todos. El Día de Acción de Gracias no está limitado en el tiempo ni es exclusivo. Es una experiencia para toda la vida, abierta a todos. Puedes ser reflexivo, anticipatorio o festivo en cualquier etapa de tu vida, y preferiblemente en todo lo que hay. Cuanto antes comiences a agradecer a Dios, mejor. No tienes que tener 80 o 90 años para empezar a reflexionar. Si planeas dejar un buen legado, comienza a agradecer a Dios y cultiva una actitud de agradecimiento cuando tengas 20, 30, 40 y 50 años, cuando todavía tengas tiempo para crecer y puedas hacer cambios, y verás la gloria de Dios en tu vida.

Comprenda que la capacidad de reflexionar viene con la edad, la experiencia y la capacidad de aprender. Es más probable que reflexiones más a medida que envejeces, porque la experiencia significa que has estado allí, lo has hecho y, con suerte, has aprendido algo. Tendrás tus alegrías y tus arrepentimientos, y por lo tanto tendrás más material con el que trabajar y la capacidad de mirar hacia atrás y ver las cosas desde la perspectiva que te da la experiencia, y reflexionarás más.

Un joven que ve el mundo como su ostra puede ver poca necesidad de reflexionar porque aún no ha cometido sus errores. Por lo tanto, puede ser más fácil para una persona mayor reflexionar, pero te aseguro que los jóvenes que comienzan a reflexionar a una edad más temprana avanzarán más que aquellos que esperan hasta la vejez y las canas para comenzar a reflexionar. Así que te animo a que reflexiones más.

Sin embargo, la reflexión, como la meditación, debe hacerse de cierta manera. Debe ser bíblico. No reflexiones simplemente usando los estándares del mundo. Deja que tu reflexión sea piadosa en lugar de mundana. Por lo tanto, basa tu reflexión en el plan de Dios para tu vida en relación con tus logros.

Nunca te compares con nadie más, porque tienen destinos diferentes. No digas: "Mi hermano, hermana o amigo tiene esta casa, tiene ese negocio, ¿qué hay de mí?" Debes reflexionar basado en la palabra de Dios, de acuerdo con Su voluntad para tu vida. Pregúntate: "Dios, ¿cuál es tu voluntad para mí en esta etapa de mi vida?" Si la voluntad de Dios es que tengas una casa en este momento, y aún no tienes una, entonces, por supuesto, ¡consíguela!

La reflexión efectiva requiere que uses los términos de referencia de Dios y sigas Su propósito para tu vida. A medida que reflexiones, pensarás más en las cosas buenas. La Biblia dice: "Por lo demás, hermanos, todo lo que es verdadero, todo lo honesto, todo lo justo, todo lo puro, todo lo amable, todo lo que es de buen nombre; Si hay alguna virtud, si hay algo digno de alabanza, piensa en esto". Filipenses 4:8. ¿Por qué? Porque "Como el hombre piensa en su corazón, así es él". Proverbios 23:7. Cuando reflexionas más, piensas más y estás más agradecido, experimentas más de la gracia de Dios en tu vida. La anticipación, la esperanza o la expectativa es una cualidad de vida única, que sustenta el dicho de que donde hay vida, hay esperanza. Puedes agradecer a Dios que estás vivo. Algunos agradecieron a Dios hace solo cinco días; ya no están vivos. Así que si estás vivo, dale gloria a Dios.

Aunque la reflexión a veces puede llevar al arrepentimiento, la esperanza nos impulsa a corregir nuestros errores e invertir en un futuro mejor que quizá ni siquiera veamos. A veces hacemos cosas simplemente porque es lo correcto, no porque nos beneficie personalmente, sino porque beneficiará a quienes vengan después. Cuando haces lo correcto y estableces una base sólida anticipándote a lo que no verás, eso es lo que se llama un espíritu excelente.

El tiempo de Abraham en la tierra fue limitado, pero vivió para beneficiar a una posteridad que no podía vivir físicamente lo suficiente para verla. Esto significa que podemos proyectar nuestras vidas y nuestra fe más allá de nuestras vidas naturales. Por lo tanto, ser agradecido en última instancia hace que tu vida tenga sentido. Entonces, dadas las limitaciones de tiempo, la acción de gracias anticipada implica agradecer a Dios por un final que quizás no veas físicamente, pero que ya has visto por fe, y así llamar a las cosas que no son como eran, y declarar el fin desde el principio.

En conclusión, da gracias en todo, porque esta es la voluntad de Dios para ti en Cristo Jesús. Por lo tanto, agradécele reflexionando sobre su bondad o anticipando la fe en su capacidad para cumplir la promesa que te hizo y, si Dios ha respondido a tus oraciones, celebrar su magnífica grandeza. Sea cual sea tu situación, en todo, ¡da gracias!

2

Acción de Gracias y la voluntad de Dios

"Dad gracias en todo, porque esta es la voluntad de Dios para vosotros en Cristo Jesús." 1 Tesalonicenses 5:18

En el idioma inglés, la palabra 'Everything' significa que lo abarca todo. Nada está exento. La Biblia nos ordena dar gracias en todo, pero también entendemos que es un poco difícil de practicar.

Es fácil dar gracias cuando te sucede algo maravilloso. Vienes a la iglesia y das gracias porque es una ocasión alegre. Es bueno dar gracias, y lo hacemos con naturalidad cuando nos suceden cosas buenas. Sin embargo, cuando las cosas van al revés, puede ser un poco difícil dar gracias. Preferimos hacer lo contrario y quejarnos porque somos seres humanos.

Por lo tanto, en este capítulo, exploraremos este tema en particular para ver cómo se relaciona con la voluntad de Dios para nuestras vidas, porque dice: 'En todo, dad gracias, porque esta es la voluntad de Dios para vosotros en Cristo Jesús'. Entonces, si la acción de gracias es la voluntad de Dios para nosotros en Cristo Jesús, entonces significa que debemos dar gracias en todo, bueno o malo. Pero ¿por qué puede ser difícil? Es porque es una forma radical y contraria a la intuición de pensar y estilo de vida. ¿Cómo puedes dar gracias en todo cuando sabes que, como ser humano, es casi imposible no quejarse, especialmente en tiempos difíciles? Abordaremos este tema examinando las 10 formas en que la acción de gracias te ayuda a mantenerte dentro de la voluntad de Dios, permitiéndote así cumplir el destino.

Comenzaremos preguntando: ¿Qué es un testamento? Un testamento es un documento legal que establece sus deseos o lo que desea que se haga con su propiedad. En el Reino Unido, debe tener un testamento si tiene propiedades sustanciales, para que pueda determinar quién recibe qué después de que usted se haya ido. Morir intestado, es decir, sin dejar testamento, significa que el gobierno intervendrá y decidirá la forma de distribución de su patrimonio. Para evitarlo, siempre se anima a los ciudadanos a tener voluntad.

Siempre que desee ejecutar un testamento, digamos de un individuo, generalmente dice: 'Esta es la última voluntad y testamento' de la persona nombrada. Describe un conjunto de instrucciones para que sus albaceas cumplan los deseos del escritor.

Dios también tiene su voluntad escrita: el Antiguo Testamento y el Nuevo Testamento. Entonces, la voluntad de Dios es Su palabra. Esto significa que el primer lugar que debemos buscar para encontrar la voluntad de Dios es Su palabra. ¿Por qué? Porque Él ya ha esbozado Su deseo en Su palabra. Entonces, si está buscando entender cuál es la voluntad de Dios y no sabe por dónde empezar, comience con la palabra de Dios. Por lo general, la mejor manera de conocer a Dios es entrar en la Palabra, saber lo que le gusta y lo que no. Así es como conoces lo que llamamos la voluntad general de Dios.

La voluntad general de Dios está representada por el conocimiento general de Dios obtenido del *logos* o la palabra escrita de Dios. Entonces, cada vez que tomas tu Biblia y estás leyendo y viendo la interacción de Dios con diferentes personas, y Él dice: 'Esto es lo que quiero, esto es lo que castigaré, etc., puedes saber que esto es lo que Dios ama, y esto es lo que Él odia.

Por ejemplo, sobre el tema del matrimonio, Dios dice que un hombre no debe codiciar a la esposa de otra persona, pero ves a una mujer casada cruzándose en tu camino y dices: "Me gusta esa dama". La voluntad de Dios te dirá: "Ah, eso está prohibido". Así que conoces la voluntad general de Dios de esa manera, pero también entiendes la voluntad específica de Dios, porque la voluntad de Dios puede ser tanto general como específica.

Algunas instrucciones son generales: no robes ni cometas adulterio, pero descubrir la voluntad de Dios sobre tu inminente viaje a la ciudad de Birmingham es específico y se aplica solo a ti. Dios podría decir: 'Ve o no vayas a Birmingham mañana. Esa es una instrucción específica para ti.

Entonces, ¿cómo sabes la voluntad de Dios? Es a través de la palabra de Dios. Al interactuar con la palabra, llegas a entender la voluntad de Dios.

Entonces, ¿cuál es la voluntad de Dios? La voluntad de Dios está en dos partes: la voluntad establecida y la voluntad revelada de Dios.

La voluntad establecida de Dios es como se registra en el Antiguo y Nuevo Testamento de la Biblia. Nos dicen lo que Dios requiere de nosotros y lo que no cambiará debido a las circunstancias. Entonces, una vez que se conoce la voluntad de Dios, se aplica a todos los tiempos y a todas las personas sin excepción. Está escrito en piedra porque es un hecho; nada puede cambiarlo.

Sin embargo, también existe la voluntad revelada de Dios que se basa en lo que ya se ha establecido y pasa a primer plano a medida que caminamos con Dios. La forma en que me gusta describirlo es usando el ejemplo de usted viajando de Londres a Birmingham por primera vez. Como nunca ha estado en la ciudad de Birmingham, se unirá a la autopista M1 y verá periódicamente letreros que anuncian Birmingham 100 millas, 50 millas. La distancia de viaje disminuye a medida que te acercas. Sabes que te estás acercando a Birmingham, incluso si nunca has estado. Sin embargo, cuando llegue a Birmingham, ya no necesitará la señal de dirección. ¡Has llegado!

La voluntad establecida de Dios es como una señal que anuncia que Birmingham está a 100 millas de distancia. La voluntad específica o revelada de Dios es la señal que te da la bienvenida a Birmingham. Es Dios hablándote directamente, diciendo: 'Esto es lo que quiero para ti'. Tanto la voluntad establecida de Dios como la voluntad revelada de Dios representan el plan de Dios para tu vida.

1. Por lo tanto, la primera lección sobre la acción de gracias con respecto a la voluntad de Dios es que **la voluntad de Dios es el lugar más seguro del mundo.**

   Comprenda que cualquier cosa fuera de la voluntad de Dios también queda fuera de la protección de Su gracia. El principio clave es que la voluntad de Dios o Dios mismo no te llevará a una situación en la que Su gracia no pueda cubrirte. Caminar en la voluntad de Dios garantiza que Dios cuidará de ti. Incluso cuando Dios te lleva a problemas, siempre y cuando reconozcas que es Su voluntad, puedes confiar en que Dios tiene un plan. Él te librará de ese problema, o si elige no hacerlo, aún puedes estar seguro de que estás en la voluntad de Dios y apoyado por Él.

La razón por la que debemos hacer la voluntad de Dios en todo momento es que es el mejor lugar en el que podemos estar; siempre estamos bajo la jurisdicción directa de Dios, donde Dios puede convertir lo que el enemigo pretendía para el mal en lo mejor. Él hará que todas las cosas obren juntas para nuestro bien porque lo amamos. Entonces, cuando la Biblia dice que hay que dar gracias en todo, Dios sabe que cuando te esfuerzas por hacer Su voluntad, también llegas a un lugar seguro.

Entonces, con respecto al mandato de Dios de dar gracias en todo como la voluntad de Dios, la razón por la que debes buscar hacer la voluntad de Dios, incluso cuando las cosas son difíciles y tienes ganas de quejarte, es que cualquier cosa que hagas que te saque de la voluntad de Dios solo te alejará más de la seguridad que proporciona Su presencia.

2. **La acción de gracias te guía o te encaja en la perfecta voluntad de Dios.**

Cuando agradeces a Dios en todo, nunca puedes equivocarte. A veces, cuando las cosas van mal, en contra de nuestras expectativas, en lugar de actuar precipitada y emocionalmente, simplemente dices: "Dios, no entiendo lo que está pasando, pero aun así te agradezco de todos modos porque sé que tienes buenos planes para mí. Harás que todas las cosas trabajen juntas para mí". Tu actitud positiva permitirá que Dios se haga cargo de la situación y te guíe hacia Su perfecta voluntad para tu vida.

Cuando Job escuchó la calamitosa noticia de que lo había perdido todo, en lugar de gritar y castigar a Dios por no protegerlo, Job simplemente se inclinó y dijo: "Desnudo salí del vientre de mi madre, y desnudo volveré allí. El Señor dio, y el Señor quitó; Bendito sea el nombre del Señor". En todo esto Job no pecó ni acusó a Dios de mal". Job 1:21-22 En su hora más difícil, en lugar de enojarse con Dios porque algo malo le sucedió, Job eligió adorar a Dios y demostrar sumisión a Su voluntad.

A veces nos enojamos con Dios cuando enfrentamos desafíos inesperados, y algunos de nosotros respondemos dándole la espalda y arremetiendo contra Dios. En esencia, lo estamos culpando por nuestra situación. Esta es una respuesta natural a la calamidad que nos aleja más de Dios y nos lleva a los brazos de Satanás. La respuesta sobrenatural que encuentra la aprobación de Dios y nunca deja de asegurar Su respaldo es elegir honrar a Dios en nuestras dificultades diciendo: "Dios, estoy sufriendo en este momento, pero tú sigues siendo Dios. Te confío mi vida".

La respuesta de Dios a tu actitud amorosa hacia Él en tu difícil situación sería dirigir tu corazón hacia lo que es bueno. Independientemente de la gravedad de tu situación, la acción de gracias siempre te llevará a la presencia de Dios, y no te alejará de Él, cuando entres por Sus puertas con acción de gracias y atravieses Su atrio con alabanza. Salmo 100:4 Por lo tanto, la acción de gracias siempre te lleva a la perfecta voluntad de Dios para tu vida. El Salmo 50:23 dice: "El que me alaba me glorifica, y al que manda su camino recto, le mostraré la salvación de Dios", lo que muestra que Dios siempre está esperando que lo alabemos, para que pueda responder y mostrarnos su salvación.

Jeremías 33:3 dice: "Invocadme, y yo os responderé, y os mostraré cosas grandes y poderosas que no sabéis". Pero, ¿cómo te mostrará Dios Su salvación o te responderá si estás tan enojado con Él que le das la espalda? ¿Cómo puedes invocar a un Dios que estás maldiciendo en tu corazón para que te ayude? Entonces, el Día de Acción de Gracias no se trata solo de cómo te sientes; eres tú diciendo: "Dios, elijo obedecer". Si es cierto que la acción de gracias es la forma en que Dios recibe la voluntad de Dios, en este caso, elijo obedecerte independientemente de cómo me sienta. Alabaré, exaltaré y magnificaré tu nombre porque sé que estás en mi caso'. Por lo tanto, la acción de gracias encaja y nos lleva a la voluntad de Dios para nuestras vidas. Cualquier otra cosa nos alejará de Él y nos alejará de Su voluntad por completo o dentro de Su voluntad permisiva.

La voluntad de Dios se divide en tres categorías: perfecta, permisiva y en contra de Su voluntad. Cualquier respuesta a las dificultades que no sea la acción de gracias nos empujará fuera de Su perfecta voluntad, y hacia Su voluntad permisiva, o completamente fuera de Su voluntad. Los dos últimos no representan lo mejor de Dios para nosotros.

3. **La acción de gracias nos lleva a la perfecta voluntad de Dios para nuestras vidas.**

Su voluntad perfecta representa lo que Dios realmente quiere para nosotros. Su voluntad permisiva es lo que queremos para nosotros mismos, independientemente de lo que Dios quiera para nosotros, lo cual, sin embargo, permite mientras ajusta sus planes para que se ajusten a su agenda. Sin embargo, esta elección a menudo tiene repercusiones imprevistas, como lo demostró para los israelitas cuando exigieron carne en el desierto. Dios les dio lo que querían, pero eso trajo debilidad a su alma. Salmo 106:15 Así que la perfecta voluntad de Dios es siempre la mejor para nosotros.

Muchos de nosotros, ya sea deliberada o inconscientemente, nos metemos en situaciones en las que Dios no quería que nos encontráramos debido a nuestra actitud y mentalidad equivocadas, o porque pensamos que somos más sabios que Dios. Ese fue el paso en falso que cometió el vidente Balaam. Se había acercado a Dios y le había pedido: "Déjame ir y maldecir a los israelitas". La firme respuesta de Dios fue: 'No'. Sin embargo, motivado por su codicia, Balaam persistió en su petición hasta que Dios le permitió ir.

Cada vez que pensamos que somos sabios y buscamos dictar a Dios, Él cederá terreno y permitirá que caigamos en la trampa de nuestra propia necedad. Eso tiene graves repercusiones y consecuencias imprevistas para nosotros. Cuando Balaam se dirigía a maldecir a los israelitas, la Biblia dice que el ángel de Dios lo emboscó y quiso matarlo. Solo fue salvado por su burro, que se negó a moverse a sus órdenes. Así que el ángel de Dios obligó a Balaam a decir solo lo que Dios le ordenó que dijera. Debía bendecir a los israelitas. Entonces, Balaam pasó de recibir la voluntad perfecta de Dios a ejecutar Su voluntad permisiva, y finalmente terminó fuera de la voluntad de Dios al unir fuerzas con los enemigos de Israel para sabotear el plan de Dios.

Una situación aún peor es pasar de estar en el centro de la voluntad de Dios a terminar fuera de Su voluntad. Un ejemplo de alguien que tomó este giro casi fatal fue David. Dios había ungido a David como el presunto rey de Israel después de rechazar al rey Saúl, y David pensó que todo estaría bien. En cambio, se desató el infierno. Sin embargo, debido a que David no esperaba que las cosas se volvieran difíciles, ya que Saúl estaba tratando de matarlo, llegó al punto en que David ya no podía soportar la presión. Entonces, un día, David se levantó y pensó para sí mismo: 'Tal como van las cosas, un día Saúl me atrapará'. Las mentiras que nos decimos a nosotros mismos.

Apenas unos meses antes, este mismo Saúl había llegado a Nayoth, un campamento donde David y Samuel estaban orando, para arrestar a David. 1 Samuel 19 En cambio, Dios arrestó y detuvo a Saúl en su presencia, y él profetizó desde la mañana hasta la noche, permitiendo que David aprovechara la oportunidad para escapar, y Saúl no pudo hacerle daño.

A veces, las circunstancias difíciles hacen que apartemos los ojos de Dios, porque no siempre nos sentimos fuertes. Incluso podemos deprimirnos y, en ese estado de deterioro del juicio, comenzar a tomar decisiones que no son adecuadas para nosotros. Sin embargo, incluso en esos casos, una forma de evitar ir por el camino equivocado es a través de la acción de gracias. Bendecimos y honramos a Dios para asegurar Su ayuda.

David ejemplificó esta respuesta diciendo en el Salmo 42:5: "¿Por qué, alma mía, estás abatida? ¿Y por qué estás inquieto dentro de mí? Espera en Dios, porque aún lo alabaré por la ayuda de su rostro". David reconoció la salida de la depresión y la practicó. Debemos seguir su ejemplo.

Tuve una experiencia similar cuando me mudé por primera vez al Reino Unido. Las cosas fueron difíciles para mí como nuevo inmigrante, como estoy seguro de que muchos entenderán. Aunque las cosas fueron difíciles para mí, realmente no me impactó negativamente porque estaba alegre, enfocada y siempre sirviendo a Dios. Siempre tenía una sonrisa en mi rostro.

Entonces, un día, aparté mis ojos de Dios y me concentré en mis circunstancias, y me desanimé. Estaba trabajando, pero no podía pagar el alquiler. No podía comprar lo que necesitaba porque siempre me faltaba dinero. Recuerdo que no podía mantenerme erguido con el único par de zapatos que tenía porque las suelas de goma estaban desgastadas en los talones. Entonces, comencé a preguntarme y preguntarle a Dios: ¿Qué tipo de vida es esta? Te he estado sirviendo, pero nada me va bien. Le di la espalda a Dios y, en consecuencia, me deprimí.

Normalmente, iría a la iglesia todos los domingos por la mañana para abrir las puertas y preparar todo para el servicio, pero no este domingo. Entonces, les dije a mis amigos que se fueran sin mí, con la intención de perderme el servicio porque estaba enojado con Dios. En cambio, salté sobre la cama y me escondí debajo de la funda nórdica.

Todo estaba tranquilo en la casa. Entonces Dios habló y me preguntó: 'David, ¿qué haces aquí?' Me sentí como un ciervo atrapado en el resplandor de los faros. Él sabía cómo se debe haber sentido Elías cuando Dios le hizo la misma pregunta después de que Elías le había pedido a Dios que lo matara, pero a diferencia de Elías, yo no tenía una respuesta convincente. Un sentimiento de culpa se apoderó de mí cuando me di cuenta de que no debería estar donde estaba. Sentí como si Dios me hubiera atrapado con las manos en la masa haciendo algo mal.

Dios no dijo nada más, pero no tenía que hacerlo. Sabía que se suponía que debía estar en la iglesia alabando a Dios, no acostada quejándome en mi cama. No tenía por qué estar deprimido debido a mis difíciles circunstancias, y reconocí por qué. Había cometido un error fundamental y había quitado los ojos de Dios y, en cambio, los había enfocado en mis circunstancias. Depresión o no, sentí la necesidad de disculparme con Dios por decepcionarlo, prometiéndole que si me sacaba del pozo de la depresión, nunca volvería a estar deprimido en mi vida.

Dios respondió mi oración y me ayudó a poner las cosas en la perspectiva correcta. Me sacó de las arenas movedizas de la depresión y me enseñó a mantenerme fuera de ese pozo viscoso. Desde entonces, he estado en circunstancias aún más difíciles, pero por Su gracia, nunca he vuelto a estar deprimido, y eso fue hace más de treinta años. Ahora sé qué hacer para no deprimirme: doy gracias en todo.

De esa experiencia, aprendí la lección de toda la vida de que hay algunos caminos que Dios nunca tuvo la intención de ti y que nunca debes caminar. Debes hacer todo lo posible y evitar esos caminos, porque son una madriguera de conejo. Como demuestra la experiencia de David de Siclag, tales caminos lo sacarán de la voluntad de Dios y lo llevarán al camino del peligro, donde Satanás puede atacarlo. También aprendí que apegarme a la palabra de Dios de dar gracias en todo, sin importar cuán costoso fuera, me habría salvado de tal experiencia.

Por lo tanto, la acción de gracias es como una puerta que cerramos para evitar que vayamos a donde no debemos, protegiéndonos así en la voluntad de Dios. Cada vez que damos gracias a Dios, Dios nos hablará y nos dirá: '¡Detente! No vayas allí. No pienses de esa manera. Concéntrate en mí', nos llegará a nosotros, porque la acción de gracias nos hace receptivos a escuchar Su palabra. Entonces, al agradecer a Dios, evitas ver cosas que tus ojos no deberían ver, pero en las que Satanás quiere que te concentres para desanimarte. Desde entonces he entendido que hay una razón para ello cada vez que Dios dice: 'En todo, da gracias'. Te impide ir a donde no debes, para que tus ojos no vean lo que no debes.

Luego, a través de la acción de gracias, empoderas a Dios para mantener la iniciativa y perfeccionar Su obra con respecto a tu vida. Salmo 138:8 "El Señor perfeccionará lo que a mí se refiere; Tu misericordia, oh Señor, permanece para siempre; No abandones las obras de tus manos".

Todos somos obras de Dios en progreso, no obras terminadas, y a veces cuando Dios está trabajando en nosotros, las cosas pueden ponerse muy difíciles para nosotros. Al estar agradecido, estás diciendo: 'Dios, sé que tus planes para mí son buenos. Sé que harás que todas las cosas obren juntas para mi bien'.

Nuestra ingratitud puede impedir que Dios haga lo que quiere hacer por nosotros. Por lo tanto, sepa que cada vez que elige agradecer a Dios en sus dificultades, Dios está obrando y perfeccionando lo que le concierne.

4. **La acción de gracias te permite evitar la necedad.**

La tontería es diferente de ser un tonto. La tontería representa la acción incorrecta de una persona, mientras que ser un tonto muestra el carácter defectuoso de esa persona. Esa es una diferenciación importante. La Biblia define a un necio como alguien que sostiene que no hay Dios y vive como si Dios no existiera. Salmo 14:1 El necio no tiene fe en la existencia de Dios y no se suscribe a Sus Leyes porque no cree que Él exista. Él ve a los que lo hacen como tontos porque no puede entender por qué seguirían a Dios.

Sin embargo, la definición bíblica de tontería es más restrictiva. Dice en Efesios 5:17: "Por tanto, no seáis insensatos, sino entended cuál es la voluntad del Señor". Entonces, la diferencia básica es que un tonto se niega a reconocer la existencia de Dios, mientras que el imprudente no reconoce la enormidad del poder de Dios para intervenir en nuestras vidas.

La razón por la que debemos buscar la voluntad de Dios es saber lo que Dios quiere para nosotros en cada situación, lo que representa lo mejor para nosotros, y al agradecer a Dios en todo, abrimos nuestros corazones y vidas a Dios por su intervención. El Salmo 50:23 dice: "El que ofrece alabanza, me glorifica; Y al que ordena su conducta rectamente, a él le mostraré la salvación de Dios". Dios quiere que recibamos su vida y, como agradecido, garantiza una intervención divina de tipo positivo.

El apóstol Pablo fue un gran defensor de la acción de gracias que también modeló el principio y demostró lo que se podía lograr al agradecer a Dios en todo. Dios llevó a Pablo y a su equipo apostólico a la ciudad de Filipos, donde fueron injustamente atacados y encarcelados por predicar el Evangelio en el poder de Dios. Sin embargo, debido a que entendieron el principio de dar gracias en todo, en lugar de quejarse de la injusticia de sus circunstancias, comenzaron un servicio de acción de gracias en su mazmorra. Todos sabemos cómo resultaron las cosas; Dios vino a visitarlos y los sacó de la cárcel. Eventualmente transformó este servicio improvisado de Acción de Gracias en una nueva iglesia porque Dios salvó a la familia del carcelero y probablemente a algunos de los reclusos.

La acción de gracias como principio se aplica a todas las áreas de la vida. La respuesta de Pablo y Silas a sus problemas no parecía correcta, pero produjo el resultado correcto. Así es como nosotros también debemos abordar nuestras dificultades. Agradecer a Dios puede no parecer correcto, pero ¿cuál es la mejor manera de demostrar que Jesús es el mismo ayer, hoy y siempre? Como lo ha hecho antes, lo hará de nuevo y específicamente para nosotros. Por lo tanto, puedes estar agradecido por tu matrimonio problemático, tu negocio que se hunde, tus hijos rebeldes y cualquier otro tipo de situación que desafíe la voluntad de Dios para tu vida. Después de todo, todo significa todo. Un corazón agradecido atrae la virtud de Dios, que también anula los intentos del diablo de secuestrar nuestro destino.

El mandamiento de la Biblia de dar gracias en todo no es solo una sugerencia que podemos elegir ignorar u obedecer por conveniencia, sino un mandamiento que debemos obedecer. Eres tú diciendo: 'Dios, cualquiera que sea mi situación, estoy comprometido a ser agradecido, incluso cuando enfrento desafíos y negatividades'. Hacer eso es comprensiblemente difícil, pero Dios nos asegura que esta es Su voluntad para nosotros porque la acción de gracias nos ayuda a mantener la mentalidad correcta que nos impide hacer algo tonto.

5. **A través de la acción de gracias, Dios bloquea el camino que conduce a la trampa satánica que no deberías haber estado recorriendo y te mantiene en el camino correcto.**

La Biblia dice que Dios unge tu cabeza con aceite de gozo y tu copa se desborda. Salmo 23:5 Una epidemia de depresión se está extendiendo por todo el mundo, y es particularmente grave en los países del primer mundo. Japón sufre la tasa anual más alta de suicidios, seguido de cerca por los países escandinavos, que tienen largos períodos de oscuridad. Curiosamente, estos lugares tienen riqueza material y financiera y todo a lo que aspiran los que están en el mundo en desarrollo, pensando: 'Si tan solo pudiéramos tener lo que ellos tienen'. Pero ¿por qué entonces se suicidan? ¿Por qué están deprimidos?

Esto demuestra que el materialismo solo puede hacerte feliz hasta cierto punto; confiere consuelo, pero no da alegría. Los países donde las personas son materialmente pobres, sorprendentemente, ocupan un lugar más alto en la escala de felicidad. Son felices porque han entendido y dominado el principio de dar gracias en todo. Puede que no tengan mucho, pero están alegres y contentos con lo poco que tienen.

Leí una historia que involucraba a un hombre rico que vio a un grupo de trabajadores manuales jugando entre sí al borde de la carretera. Fascinado por su actitud despreocupada y alegría, ordenó a su conductor que detuviera el automóvil mientras observaba a estas personas relativamente pobres divertirse, algo que había perdido la capacidad de hacer debido a los cuidados de su riqueza.

Algunos de nosotros hemos permitido que las preocupaciones de la vida nos roben la alegría. La Biblia dice que Dios nos ha ungido con aceite de alegría, para que pueda alejar de nosotros el espíritu de pesadez o depresión, demostrando que Dios no quiere que estemos deprimidos. Es por eso por lo que la Biblia dice en Proverbios 17:22 que "Un corazón alegre es buena medicina, pero un espíritu quebrantado seca los huesos". Ser alegre tiene un impacto positivo en tu salud.

Alguien que conozco fue a una sesión de terapia después de sufrir episodios de depresión. Cuando examiné algunas de las sugerencias que se les pidió que siguieran , comencé a reírme. Bien podrían haberlos tomado de la Biblia. Sugirieron pensamientos positivos. Si hubieran escudriñado las Escrituras, se habrían dado cuenta de que Dios ya estaba allí.

Pensar cosas buenas o pensamientos positivos también fue la sugerencia del Apóstol Pablo en Filipenses 4:8 Él dijo: "Por lo demás, hermanos, todo lo que es verdadero, todo lo noble, todo lo justo, todo lo puro, todo lo amable, todo lo que es de buen nombre, si hay virtud y si hay algo digno de alabanza, meditad en esto".

La acción de gracias te canaliza hacia pensamientos positivos porque sabes que Sus pensamientos y planes para ti son pensamientos de bien y no de mal. Por lo tanto, estás esperando experimentar la bondad de Dios. Por eso, cuando te enfrentas a una situación mortal, declaras: 'No moriré, sino que viviré para declarar las obras de Dios'. Salmo 118:17 Con ese tipo de actitud que exuda positividad, ¿cómo puedes estar deprimido?

Entonces, el Día de Acción de Gracias evita que te deprimas. Sé que hay diferentes causas y manifestaciones de la depresión. Puede ser inducido médicamente o ser el resultado del estrés. La depresión también puede deberse a un desequilibrio hormonal o puede tener fundamentos espirituales.

Independientemente de la fuente o causa, comprenda que Dios tiene poder sobre todas las formas de depresión, porque si no creemos que el reino espiritual tiene poder sobre el físico, ¿por qué estamos orando? Oramos y esperamos que algo suceda, y sucede. Entonces, cuando le damos gracias a Dios, le estamos pidiendo a Dios que tome el control de nuestras vidas para que Su gloria pueda verse en nosotros. Por lo tanto, en lugar de convertirte en víctima de tus circunstancias, a través de la acción de gracias, desafías y dominas tu situación en el poder de Dios, y te conviertes en el dueño de tu propio destino.

Es por eso por lo que, por ejemplo, el Profeta Habacuc pudo declarar en Habacuc 3:17-19 que, 'Aunque la higuera no florezca y no haya ganado en el almacén...' Él dijo: 'Sin embargo, alabaré a Dios'. Aunque sus circunstancias parecían sombrías, Habacuc estaba decidido a no permitir que dictaran su destino. No permitiría que lo que la gente dijera o hiciera, o lo que pensaran, lo distrajera de la victoria que es suya en Dios. Entonces, incluso en circunstancias difíciles, aún puedes agradecer a Dios porque sabes que Dios tiene el control de tu vida.

6. **Comprenda que la acción de gracias es siempre la oración correcta para todos los tiempos.**

La Biblia nos ordena orar con todo tipo de oración, y una de esas oraciones es la acción de gracias. Al agradecer a Dios, nunca puedes equivocarte porque tienes la garantía de orar la voluntad de Dios.

Solo orando: 'Dios, bendigo tu santo nombre. Te adoro', puede en lo más mínimo hacerte sentir bien, pero a lo sumo hacer que Dios se sienta aún mejor contigo porque estás priorizando complacerlo en tu angustia, independientemente de tu incomodidad, y eso asegura Su respeto y respuesta positiva.

Entonces, cuando la Biblia dice 'En todo, da gracias', significa que nunca puedes equivocarte agradeciendo a Dios. Entonces, si no quieres fallar, el Día de Acción de Gracias es lo que debes hacer. Si quieres que Dios obre por ti y pelee tus batallas, la acción de gracias es la forma en que obtienes Su ayuda. Es la mejor oración del mundo porque nunca se puede rezar mal ni cometer errores. La acción de gracias es como orar en lenguas; nunca puedes orar mal porque siempre estás orando la perfecta voluntad de Dios.

7. **Satanás siempre busca descarrilarnos con sus ataques. La acción de gracias nos da poder para mantenernos en el camino, evitar el descarrilamiento, descubrir la voluntad de Dios y frustrar al diablo en su obra, que es robar, matar y destruir.**

Tu trabajo es asegurarte de disfrutar de la abundancia de Dios, y la acción de gracias es la forma en que lo logras. Sea lo que sea que el enemigo esté tratando de hacer, al agradecer a Dios, te estás poniendo bajo la voluntad y autoridad de Dios y, por lo tanto, puedes resistir al diablo. Le estás diciendo al diablo: 'Desafío cualquier mal que estés planeando para mí'. La acción de gracias es la voluntad de Dios, y su fruto es vida abundante.

8. **Cuando nuestra fe es probada, la acción de gracias asegura que no seamos probados hasta la destrucción como Satanás pretendía, sino refinados por Dios para progresar a cosas mejores.**

Comprenda que habrá una prueba de su fe. Entonces, si dices que tengo fe, como todos la tenemos, debes saber que tu fe un día será probada para certificar su autenticidad. Sin embargo, incluso cuando tu fe está siendo probada, porque entiendes lo que significa agradecer a Dios, aúnpuedes mantener una mentalidad y una perspectiva positivas sobre lo que Dios está haciendo. Eso evita que tu fe se desintegre y la estimula a pasar con éxito por el fuego refinador de las pruebas para cumplir tu destino.

9. **La acción de gracias te protege de lo peor del impacto de tus circunstancias al construir tu esperanza en lo mejor que está disponible en Cristo.**

Anteriormente compartí que cuando estaba pasando por lo que entonces era la peor situación de mi vida, no sentí todo su impacto porque estaba enfocada y, por lo tanto, solo podía ver lo mejor que Dios tiene en mente para mí. La razón es que Satanás no logró distraerme. No podía restringir o falsificar mis perspectivas para ver solo las cosas malas que me estaban sucediendo, y no las mejoras que Dios estaba haciendo activamente en mi vida a través de la difícil experiencia. El Día de Acción de Gracias significaba que no estaba jugando el juego del diablo y también permitiendo que Dios jugara al enemigo en su propio juego y lo derrotara para mi beneficio.

La razón por la que muchos se dan por vencidos es porque concluyen que la vida no vale la pena vivirla. No tienen esperanza ni razón para vivir. David se cuestionó a sí mismo sobre su depresión y también proporcionó la respuesta haciendo referencia a la esperanza. Preguntó, Salmo 42:5: "¿Por qué estás abatida, alma mía? ¿Y por qué estás inquieto dentro de mí? Espera en Dios, porque aún lo alabaré por la ayuda de su rostro". Entonces, sí, las cosas pueden ser difíciles, pero Dios es fiel. Él siempre nos ayudará.

10. **La acción de gracias apaga cualquier sentido de derecho que podamos tener y nos permite contar genuinamente nuestras bendiciones y apreciar más la bondad de Dios.**

¿Por qué sientes que algo malo no te puede pasar? ¿Es porque algunos de nosotros hemos llegado a la etapa en la que sentimos que Dios nos debe y debe compensarnos? Desarrollamos un sentido de derecho que espera que

Dios sirva a nuestros intereses independientemente de Su voluntad para nosotros. Incluso cuando nos suceden cosas inesperadas, en lugar de humillarnos en Su presencia, desafiamos y acusamos a Dios de incompetencia porque sentimos que Dios no nos ha protegido como debería haberlo hecho.

¿Qué pasa con las cosas que Dios ha hecho por nosotros? Si comienzas a agradecer a Dios y a reflexionar sobre las cosas que Dios ha hecho por ti, rápidamente te darás cuenta de que enfocarte en las obras anteriores de Dios despertará en ti la esperanza de bendiciones presentes y futuras.

La Biblia dice que hay que dar gracias, pero no dice que hay que sentirse agradecido. Se trata de principios y no de emoción. A medida que ejecutas el principio, tus emociones se alinearán y se someterán a tu voluntad. Entonces, solo agradece a Dios incluso si no tienes ganas. Lo haces independientemente de cómo te sientas porque es la voluntad de Dios para ti en Cristo Jesús, y estoy seguro de que todos queremos hacer la voluntad de Dios.

La acción de gracias es una cuestión de obediencia, y la mejor y más probada manera de asegurarse de obedecer la palabra de Dios y cumplir Su voluntad para su vida es dar gracias en todo.

3

Acción de Gracias: Nutriendo tu semilla de grandeza

"Por nada estéis afanosos, sino sean conocidas vuestras peticiones delante de Dios en todo por oración y ruego, con acción de gracias; y la paz de Dios, que sobrepasa todo entendimiento, guardará vuestros corazones y vuestros pensamientos en Cristo Jesús." Filipenses 4:6-7

Habiendo abordado por qué la acción de gracias es importante y cómo nos ayuda a mantener nuestra posición en la voluntad de Dios. Ahora abordaremos el tema desde una perspectiva diferente al considerar la acción de gracias como una semilla. Una semilla es lo que siembras para obtener una cosecha. Entonces, si tiene la intención de tener una cosecha, primero debe sembrar una semilla.

Como se discutió en el capítulo anterior, la acción de gracias opera en tres formas distintas pero interconectadas: anticipatoria, reflectora y celebratoria. Pero ¿cómo se traduce la acción de gracias anticipada o reflexiva, que representa los puntos de partida de nuestra victoria, en la acción de gracias de celebración que celebra nuestros triunfos?

Recuerdo haberle anunciado con alegría a mi pastor que había encontrado la misión de mi vida. Había estado observando un tiempo prolongado de oración y ayuno, buscando una respuesta a la pregunta: 'Señor Dios, ¿qué quieres que haga?'

Después de buscar a Dios durante meses, queriendo saber Su voluntad para mi vida, Dios finalmente reveló lo que quería que hiciera. Él dijo: 'Te he llamado a una vida de alabanza y adoración. Con más aclaraciones, entendí que Dios me ha llamado a hacer vencedores a aquellos que la vida ha victimizado y a construir un pueblo de alabanza para su movimiento del tiempo del fin.

Con entusiasmo corrí a mi pastor para compartir las buenas nuevas. Dije, creo que Dios me está diciendo que me concentre en el área de la alabanza y la adoración. Aparte de dirigir la adoración en la Iglesia, ni siquiera sabía demasiado sobre el tema y esperaba aprender más sobre la alabanza y la adoración para cumplir con mi llamado.

La primera pregunta que hizo mi pastor fue: '¿Estás seguro de que no eres uno de los que alaban a Dios en todo?' Me sorprendió la línea directa de preguntas, pero entendí la reticencia.

Uno de los primeros libros que leí sobre el tema de la alabanza varios años antes fue **"De la prisión a la alabanza"** de Merlin Carothers. En el libro, Merlín había explorado el tema desde la perspectiva de alabar a Dios en todo, y la pregunta que planteó en la mente de las personas es, ¿deberías alabar a Dios incluso cuando te suceden cosas malas?

La singular pregunta de mi pastor sembró una semilla en mi mente que se convirtió en una búsqueda, y después de muchos años de estudiar y practicar la alabanza y la adoración, creo que puedo dar una respuesta verdadera y bíblica a esa pregunta. Durante 30 años, he estado investigando y tratando de entender por qué debemos dar gracias a Dios en todo. También he explorado diferentes enfoques que también funcionan.

Por ejemplo, en mi obra de tres volúmenes sobre alabanza y adoración, titulada **'La revolución de la alabanza es ahora!'**, exploré la génesis de la alabanza y la adoración y como un pacto que obliga a Dios a responder a nuestra alabanza con Sus bendiciones de acuerdo con Su palabra, Éxodo 23:25-27, y Números 10:9-10. También miré el papel que desempeñarán la alabanza y la adoración en el mover de Dios en el tiempo del fin.

Sin embargo, un enfoque diferente e igualmente válido para responder a esa pregunta: "¿Deberías alabar a Dios o dar gracias en todo como han dicho las Escrituras?" es entender y ver la acción de gracias como una semilla que siembras en cualquier circunstancia en la que te encuentres. Entonces puedes entender, según lo dictan las leyes naturales y sobrenaturales, que, aunque sembraste tu semilla inicialmente bajo coacción en la agonía de tu problema, las Escrituras garantizan que llegará un momento en que cosecharás una cosecha con alegría que conduce a una acción de gracias más festiva.

Entonces, ¿cómo sabemos que el Día de Acción de Gracias es una semilla? Filipenses 4:6 dice: "Por nada estéis afanosos, sino que, en todo, con oración, súplica y acción de gracias, dada a conocer vuestra petición a Dios". Entonces, si tu pregunta es: 'Pero acabas de terminar de preguntar, ¿por qué también estás agradeciendo a Dios? ¿Por qué Dios requiere que le demos gracias cuando aún no hemos recibido pruebas físicas de las respuestas a nuestras oraciones?'

La instrucción de Dios para nosotros es: 'Por nada estéis afanosos, sino en todo, con oración, súplica y acción de gracias, dad a conocer vuestra petición, haciendo de la acción de gracias una parte intrínseca de nuestra oración. Por lo tanto, no tenemos que esperar hasta que Dios lo haya hecho antes de agradecerle, porque nuestra acción de gracias es por fe. En anticipación de Su movimiento, llamamos a las cosas que no son, como si fueran. Por lo tanto, la importancia de la palabra de Dios para nosotros es: "Cuando hayas terminado de orar por fe, comienza a agradecerme en anticipación de mi bendición".

Esto significa que Dios siempre tuvo la intención de que el componente de acción de gracias en la oración fuera como una semilla sembrada en anticipación de una cosecha futura. Por lo tanto, una semilla no es algo que consumes, sino una inversión que siembras, independientemente de las circunstancias, con la esperanza de una mayor recompensa futura. Entonces, durante tu oración, la expectativa de Dios no es que coseches una cosecha inmediata, sino que siembres tu acción de gracias por fe, confiando en Dios para una cosecha futura.

Abordar el tema de la colocación correcta de la acción de gracias en la oración requiere que examinemos el tema desde la perspectiva de la interacción de las leyes naturales y sobrenaturales, mientras examinamos las cuatro leyes de la cosecha, la ley del proceso y la ley del sacrificio.

La primera Ley de la cosecha establece que, si no siembras, no puedes cosechar. La segunda ley establece que, si siembras una sola semilla, cosechas un múltiplo de lo que has sembrado. La tercera ley establece que, si siembras un tipo o especie, cosechas lo mismo. La cuarta ley aborda el tema del sacrificio. Si sales a sembrar con llanto, cosecharás con alegría. ¿Por qué? Porque muestra que la naturaleza de tu semilla está cambiando. La semilla que sembraste al principio en anticipación, cuando llorabas y decías: 'Señor, no tengo ganas de alabarte en este momento porque necesito esto, pero aun así te alabaré y te exaltaré sin importar cómo me sienta'. Esa es tu semilla de acción de gracias. Está destinado a transformarse en una cosecha de alegría. Esa es la Ley del Sacrificio.

Sacrificas algo a un poder superior al renunciar a algo precioso para ti. La Ley del Sacrificio requiere que renuncies a algo para ascender en la vida.go

Todos podríamos haber abandonado la escuela secundaria, aceptar trabajos y comenzar a ganar dinero, pero la mayoría de nosotros elegimos no hacerlo. Retrasamos nuestro anhelo de gratificación inmediata para obtener más calificaciones, ya sea un primer, segundo o tercer grado, junto con credenciales profesionales que nos permitirían ganar más dinero más adelante. Todos podemos estar de acuerdo en que tal sacrificio valió la pena. Esa es la Ley del Sacrificio.

Como padres, muchos de nosotros con gusto hacemos sacrificios por nuestros hijos. Cuando podríamos haber optado por los autos de registro reciente, usamos ese dinero para brindarles a nuestros hijos la mejor educación que podamos pagar porque queremos ponerlos en el mejor pedestal desde el cual comenzar su viaje en la vida. Eso es un sacrificio. Confías en que cosecharás una cosecha en el futuro. Eso es exactamente lo que estamos haciendo cada vez que agradecemos a Dios en espera de oraciones respondidas: hacer un sacrificio de acción de gracias.

Entonces, permítanme dejar constancia de que las cuatro Leyes de la cosecha son:

1. **La Primera Ley de la cosecha** establece que una semilla siempre producirá múltiples lo que se siembra. "En verdad, en verdad os digo que si el grano de trigo no cae en tierra y muere, queda solo; pero si muere, produce mucho grano". Juan 12:24 Esto significa que, si tratas la acción de gracias como una semilla, entonces puedes esperar que cuando siembres esa semilla en tiempos de necesidad o circunstancias difíciles alabando y exaltando a Dios, cosecharás una cosecha. A medida que siembre y nutra esa semilla, crecerá y producirá una cosecha. Esa es la primera ley de la cosecha: sembrar uno, cosechar varios.

2. **La Segunda Ley de la cosecha** establece que una semilla siempre producirá de acuerdo con su tipo. Gálatas 6:7 dice: "No os engañéis, Dios no puede ser burlado; porque todo lo que el hombre sembrare, eso también segará". Plante naranjas y coseche más naranjas.

3. **La Tercera Ley de la cosecha** establece que "Mientras la tierra permanezca, el tiempo de la siembra y la cosecha, el frío y el calor, el invierno y el verano, el día y la noche no cesarán". Génesis 8:22 Aunque el hombre ha podido manipular las estaciones de crecimiento de algunas plantas, el hecho de que tengamos que sembrar para cosechar no ha cambiado. Se trata de tiempo y regularidad. Siempre habrá un tiempo para sembrar y un tiempo para cosechar. Aquí es donde entra en juego la Ley del Proceso. Por ejemplo, incluso cuando Dios le ha dicho a una mujer: 'Tendrás un hijo', Él todavía no rompe la Ley del proceso. La mujer debe llevar al bebé durante 9 meses antes de dar a luz. La Ley del Proceso establece que incluso cuando Dios te ha prometido algo, siempre hay un tiempo de procesamiento para que exista. No aparecerá de repente; debes esperar su hora señalada. Al dar gracias a Dios, entra en juego la Ley del proceso. Es posible que no puedas verlo, pero entiende que Dios guardará Su palabra con respecto a ti, porque es un principio.

4. **La Cuarta Ley de la cosech**a es como se afirma en el Salmo 126:5-6: "Los que siembran con lágrimas cosecharán con alegría. El que continuamente sale llorando, llevando semilla para sembrar, ciertamente volverá con alegría, trayendo consigo sus gavillas". Así que en el momento en que comienzas a agradecer a Dios con sacrificio, estás poniendo en marcha la Ley del Proceso por fe, y diciendo: 'Señor Dios, porque confío en ti, y creo en tu palabra acerca de mí, sé que puedo estar sembrando mi semilla en lágrimas, pero estoy seguro de que llegará el tiempo en que me regocijaré delante de ti y cosecharé una cosecha de gozo.

Comprender que la acción de gracias es una semilla significa que todos tenemos la opción de sembrar nuestra semilla, lo que nos califica para una cosecha de gracia, o negarnos a sembrarla y, por lo tanto, no cosechar nada o algo peor. Cualesquiera que sean tus circunstancias, no puedes decirle a Dios: "Dios, no tengo una semilla para sembrar". Cuando se trata de acción de gracias, siempre tendrás una semilla para sembrar, porque está ahí mismo en tu boca. La oración del apóstol Pablo en 2 Corintios 9:10 es que "Y el que da semilla al sembrador, y pan para comer, proveerá y multiplicará la semilla que has sembrado, y aumentará los frutos de tu justicia".

La provisión de semillas de Dios para la siembra es por defecto. No necesitas estresarte para encontrarlo. Ya está dentro de ti. Simplemente hágalo y ponga en marcha la Ley del Proceso para que trabaje para usted. Por lo tanto, su directiva de que no debemos estar ansiosos por nada, sino que, en todo, por oración, súplica y sembrando la semilla de la acción de gracias, den a conocer su petición a Dios. Por lo tanto, comprenda que:

1. **Todos tenemos una semilla de acción de gracias que sembrar; solo tenemos que decidir si lo plantaremos o no.**

Podemos elegir comenzar a sembrar la semilla que tenemos a mano o quejarnos de que 'Dios, no hiciste esto o aquello. Estás perdiendo el tiempo porque Dios no puede procesar la semilla de acción de gracias que no has sembrado. El diablo será el que procese la semilla de tu queja, y solo le estás dando más munición con la que lastimarte. Dios es un buen agricultor y debemos ser como Él. Debemos sembrar nuestra semilla ensacrificio porque la siembra puede tener un costo. El Salmo 126:6 dice que el que sale con su semilla, llorando porque quiere comerla, pero aún dice: 'Dios, yo te exaltaré', regresará con una cosecha de alegría.

2. **Dios ha escondido la semilla de la acción de gracias en cada situación en la que te encuentras.**

Tenemos un dicho que dice que incluso en la adversidad, Dios siempre deja espacio para la acción de gracias. Ahí es cuando te das cuenta de que las cosas podrían haber sido peores de lo que son. Es posible que debas cavar profundamente dentro de ti mismo para buscar esa semilla, y una vez que la encuentres, úsala en tus oraciones para activar tu pacto con Dios para que Su garantía de una mayor cosecha pueda manifestarse.

3. **La acción de gracias obedece la Ley de la fe.**

Agradecer a Dios en situaciones difíciles en espera de la intervención divina requiere dar un paso de fe, y nada mueve más a Dios que decidir confiar en Él sembrando tu semilla de acción de gracias. Por lo tanto, primero debe sembrar su semilla antes de que pueda crecer y producir la cosecha que está esperando activamente. Esto significa que debes ser intencional en tu acción de gracias. Ser intencional significa que le dices a Dios: 'Sé que las cosas son difíciles, pero he decidido alabarte, independientemente de mis circunstancias'. Al ser intencional con tu acción de gracias, le estás diciendo a Dios: 'Dios, sé que la semilla de la acción de gracias existe en mí. Me harás cosechar una cosecha de alegría". Y eso es exactamente lo que Dios hará. Además, comprenda que ser intencional significa que no solo siembra su semilla de acción de gracias y la abandona. Ningún buen agricultor hace eso. En cambio, cultiva y protege su semilla para maximizar su productividad. Debe ser lo mismo con nosotros.

Algunos agradecieron a Dios en un momento, diciendo: 'Señor, te bendigo', y luego se quejaron al siguiente. Ser intencional requiere consistencia en tu acción de gracias. A veces tienes que decir: "Señor Dios, estoy cultivando intencionalmente mi semilla de acción de gracias mientras te alabo y te exalto". Para algunas situaciones, solo necesita bendecir a Dios durante unos minutos y la cosecha se manifiesta de inmediato. Para algunos, toma unas pocas horas. Para algunos, unos meses, y para otros, años. Mientras continúes nutriendo tu semilla y hagas todo lo posible para completar el proceso, no importa cuánto tiempo tome. Dios, que da semilla al que siembra y pan al que come, hará que tu cosecha llegue en la plenitud de los tiempos. Por lo tanto, tu acción de gracias debe ser intencional, porque todo lo que siembras es también lo que cosecharás. Dios ha garantizado que al sembrar en justicia, cosecharás en misericordia. Oseas 10:12

Entonces, vemos que todas estas Leyes de la naturaleza entran en juego de una forma u otra. Cuando entiendes estas leyes y que lo que siembras es lo que cosechas, sabes que el poder de la vida y la muerte está en la lengua, y los que la aman comerán su fruto. Comprender ese hecho significa que sabes que al agradecerle y exaltarlo, Dios te demostrará Su fidelidad.

4. **Con el Día de Acción de Gracias, comienzas con anticipación, pero siempre terminas con celebración.**

Dios responde algunas oraciones de inmediato, y vas directamente a la celebración, pero la mayoría de las veces, cuando Dios no responde de inmediato, no tienes pruebas físicas de que Dios lo haya hecho, pero sabes en tu corazón que Dios lo ha hecho. Por lo tanto, esperas en una actitud de acción de gracias anticipada hasta que tu resultado físico se manifieste, permitiéndote mostrarlo al mundo y decir: "Oye, esto es lo que Dios ha hecho".

Entonces, di: 'Dios, porque sé que lo vas a hacer, solo quiero exaltarte'. Entonces, alabas a Dios y le agradeces en anticipación de lo que hará. La Biblia dice que Abraham llamó a las cosas que no son como si fueran porque estaba anticipando que lo serían. Esa es la Ley de la fe. Tú también debes llamar a las cosas como quieras que sean, incluso cuando no lo sean, porque sabes que serán. ¿Por qué? Porque lo que dices es lo que obtienes.

La Biblia dice que 'El poder de la vida y la muerte están en la lengua', Proverbios 18:21 y que 'Las palabras que hablo son espíritu y son vida'. Juan 6:63 Esto hace que sea difícil para ti agradecer a Dios y quejarte al mismo tiempo. No puedes agradecer genuinamente a Dios y también decir cosas negativas al mismo tiempo. ¿Por qué? Porque agradecer a Dios hace que tu fe aumente. Eso es lo que hizo Abraham. Comenzó con alabanza diciendo: 'Gracias, Señor. Te bendigo, porque soy el padre de muchas naciones. Gracias, Señor, porque has cambiado mi nombre. Sé que mi vida reflejará tu gloria'. La Biblia dice que su fe se fortaleció a medida que alababa a Dios. Romanos 4:20 Cuanto más agradeces a Dios, más razón tienes para agradecerle, porque comienzas a creer en tu corazón, porque con tu corazón crees, y con tu boca confiesas para salvación. Romanos 10:10

5. **Comprenda que su acción de gracias es la única semilla que tiene que sembrar,** y a medida que siga sembrando y nutriéndola, un día, algo bueno sucederá. Eso fue lo que le sucedió a Abraham.

Durante mucho tiempo, pensé que Abraham tenía que alabar a Dios durante 17 años mientras esperaba la manifestación de la promesa en Isaac. Bueno, estaba equivocado. Abraham solo alabó a Dios intensamente durante 3 meses antes de que su esposa quedara embarazada. Una vez que creyó en la palabra de Dios y comenzó a alabarlo, la Biblia dice que su fe se fortaleció tanto que no tuvo dudas sobre la capacidad de Dios para cumplir su promesa. La acción de gracias y la alabanza de Abraham desplazaron todas las dudas que pudo haber tenido, empujándolo más allá del punto de no retorno y dándole la certeza de que Dios haría lo que había prometido. Desde su perspectiva, la sorpresa habría sido si Dios no lo hubiera hecho. Necesitamos llegar a ese punto también, y el agradecimiento es la forma de llegar allí.

Entonces, la mayoría de las veces, comienzas con acción de gracias anticipada diciendo: 'Dios, te bendigo porque estás perfeccionando tu obra en mí, sabiendo que todo lo que has comenzado, siempre lo terminas'. Todo lo que comienza con acción de gracias siempre termina con acción de gracias. El único cambio es la naturaleza de la acción de gracias. Comienzas con anticipación, diciendo: "Dios lo hará", y terminas diciendo: "Dios lo ha hecho".

6. Finalmente, **tu cosecha de acción de gracias siempre está en múltiples dimensiones a lo que sembraste**, y esa es la razón por la que tu alegría aumentará.

Eclesiastés 11:1 dice: "Echa tu pan sobre las aguas, porque lo hallarás después de muchos días". Lo que encuentres será el múltiplo de lo que sembraste. La Biblia dice: 'Hasta ahora no habéis pedido nada en mi nombre. Pedid y recibiréis, para que vuestro gozo sea completo". Juan 16:24

Dios entiende que, aunque la Biblia nos exhorta a regocijarnos siempre, a veces tenemos que obligarnos a hacerlo. Hay una diferencia entre esforzarnos por regocijarnos y nuestra alegría desbordarse naturalmente. Este último sucede sin esfuerzo, como el agua que brota de un grifo, porque es una celebración, mientras que el otro es más como sentarse quieto en anticipación. Tenemos que cavar profundo para llegar a la fuente de agua.

Entonces, cuando la Biblia dice que debemos sembrar nuestra semilla en espera de una cosecha múltiple, el mismo principio se aplica a nuestro gozo. Siempre que seas fiel a hacerlo, independientemente de tus circunstancias o de cómo te sientas al respecto, puedes esperar un resultado. La promesa de Dios para nosotros es que 'Aunque el llanto dure la noche, el gozo viene por la mañana. Tu alegría desbordante vendrá.

El amanecer de una nueva mañana implica que vives en la esperanza. Es la razón por la que sabes que no puedes morir todavía, porque Dios aún tiene que cumplir Su promesa de gozo para ti. Esta comprensión fue la razón por la que David proclamó: "No moriré. Viviré para declarar las obras de Dios'. Salmo 118:17 ¿Por qué? Porque sabía que aún no iba a ir a ninguna parte, sin ver a Dios cumplir su promesa. Él sabía que Dios no permitiría que murieras antes de poder cumplir Su palabra por ti.

Por lo tanto, comprenda que vivir en anticipación del cumplimiento de la promesa de Dios significa que Dios está comprometido a preservar su vida. Su palabra se cumplirá en la plenitud de los tiempos porque 'En su tiempo, Él hace que todas las cosas sean hermosas'. Eclesiastés 3:11

Entonces, cualquiera que sea la situación en la que nos encontremos y las circunstancias, incluso cuando no tenga ganas, dé gracias a Dios. Siempre funciona. Y si has estado agradeciendo a Dios por adelantado por un tiempo y aún no has experimentado tu avance, continúa agradeciendo a Dios y perseverando hasta el final, porque Su palabra nunca puede fallar.

Para aquellos de nosotros que estamos reflexionando sobre la gracia de Dios y vemos razones para estar agradecidos por lo lejos que Dios nos ha llevado, no pueden hacer nada mejor que continuar, porque al hacerlo, se están posicionando para recibir más de la gracia de Dios para una mayor explotación. Por lo tanto, continúa en tu camino agradecido, porque más de Dios te espera.

Si desea sembrar su semilla de acción de gracias y así comenzar su viaje para cosechar una mayor cosecha de alegría, este es un buen momento para comenzar, primero agradeciendo a Dios por su salvación, por estar vivo y por la esperanza que hay en Cristo.

Di: 'Señor, te agradezco por la oportunidad que tengo hoy de escuchar tu palabra. Ayúdame a estar agradecido para poder adorarte en espíritu y en verdad'.

Afortunadamente, todos tenemos una razón para agradecer a Dios y exaltar Su nombre porque Su semilla de acción de gracias existe en todos nosotros, a veces creciendo saludablemente mientras damos gracias a Dios, o permaneciendo inactiva porque aún no la hemos despertado con nuestra acción de gracias. Activemos nuestras semillas de acción de gracias diciéndole a Dios: 'Señor Dios, hoy, estoy siendo intencional al sembrar mi semilla de acción de gracias para ti. Al alabarte con el fruto de mis labios, de mi boca saldrán palabras de acción de gracias para glorificar tu nombre".

"Padre, te doy gracias porque la Biblia dice: 'No te preocupes por nada, sino en todo, con oración, súplica y acción de gracias, da a conocer tu petición a Dios'. Declaro que no me preocuparé más. Te alabaré porque sé que has respondido a mis oraciones. Te exalto porque harás que mi gozo sea completo".

"Mi gozo puede ser limitado pronto, pero debido a que el gozo del Señor es mi fortaleza, recibo fuerza de ustedes. Señor Dios, lléname de tu gozo desbordante, para que pueda presentarme ante ti con alegría, trayendo gavillas de cosecha para tu gloria".

4

Convertir tu Día de Acción de Gracias en un arma: cómo transformar lo ordinario en extraordinario

"Dad gracias en todo, porque esta es la voluntad de Dios para con vosotros en Cristo Jesús." 1 Tesalonicenses 5:18 Efesios 5:20 dice: "Dando siempre gracias por todas las cosas a Dios Padre en el nombre de nuestro Señor Jesucristo", y eso puede ser un poco difícil de entender para nosotros.

Es bastante fácil para nosotros dar gracias en los buenos tiempos, pero muy difícil agradecer a Dios en tiempos difíciles. Sin embargo, la Biblia dice: 'En y para todo'.

La razón por la que la Biblia nos ordena dar gracias en y por todo es que Dios nos está dirigiendo a convertir la acción de gracias ordinaria en un arma de guerra con la que peleamos batallas espirituales y atraemos la presencia de Dios, porque Dios habita en las alabanzas de su pueblo. Salmo 22:3 Entonces, cuando das gracias, estás invitando a Dios a tu vida y reconociendo el hecho de que Dios es el que tiene el control de tu vida.

Comencemos tratando de entender el concepto de convertir algo ordinario en un arma. Un micrófono es normalmente un medio para amplificar las palabras para lograr la comunicación con un público más amplio. Sin embargo, si me enojo y uso el mismo micrófono para golpear a alguien en la cabeza, ya no se usa para el propósito principal para el que fue diseñado y se ha convertido en un arma, gracias a la nueva forma en que lo estás usando.

Por lo tanto, armar significa modificar o adaptar para su uso como arma de guerra algo ordinario o algo que no fue diseñado originalmente como arma. Está cambiando el uso de algo para dañar o matar.

Cualquier cosa puede ser utilizada como arma, por benigna que sea. Todo lo que necesita cambiar es la motivación detrás del uso. Un automóvil normalmente diseñado para transportarte de A a B puede transformarse en un arma de muerte en manos de un maníaco o alguien motivado para causar daño porque has transformado algo ordinario en un medio para lograr un objetivo.

Ahora que sabemos lo que se necesita para convertir algo en un arma, la siguiente pregunta es ¿quién lo convierte en un arma? Bueno, Dios lo hace. El diablo también lo hace, y tú también. Cualquiera puede convertir cualquier cosa en un arma. Todos hemos tomado algo ordinario y lo hemos transformado en algo que puede ayudar o lastimar a otra persona. Eso es militarización.

A veces, son nuestras palabras. Muchas personas han quedado marcadas de por vida por las palabras descuidadas o deliberadas de otros, y muchas han sido ayudadas por palabras afirmativas. Aquellos que participan en la guerra espiritual entienden que las palabras son armas principales, e incluso la Biblia reconoce que el poder de la vida y la muerte están en la lengua. Proverbios 18:21 Por lo tanto, los que dicen que los palos y las piedras pueden quebrantar mis huesos, pero las palabras no pueden dañarme, son ingenuos o falsos, porque nuestras palabras son muy poderosas. Cada vez que alguien usa tu debilidad en tu contra, está armando tu atributo para destruirte.

Dios también convierte las cosas ordinarias en armas para cumplir Su propósito. Por ejemplo, cuando Josué ordenó al sol que se detuviera para poder derrotar a sus enemigos, Dios complementó su esfuerzo haciendo llover granizo del cielo sobre los que se escondían de Josué y los mató. Dios primero convirtió a Josué en un arma y lo comisionó para cumplir Su propósito, y también desplegó granizo para el mismo propósito. Josué 10:11

Dios armó al Profeta Jeremías, al declarar en Jeremías 51:20-26: "Tú eres mi hacha de batalla y mis armas de guerra". La implicación para nosotros es que Dios está diciendo: 'Te estoy armando como un instrumento de guerra para usarte para cumplir mi propósito. Sí, eres un ser humano, pero también eres un arma en la mano de Dios, encargada de operar en Su poder y cumplir Su propósito. ¡Ya no eres ordinario!

Cuanto antes entiendas que eres las armas de Dios, más rápido te comprometerás a cumplir la agenda de Dios para tu vida. Dios reconoce que eres humano, pero ha elegido convertirte en un arma para cumplir Su propósito. Joel 3:10 nos ordena: "Conviertan sus rejas de arado en espadas, y sus podaderas en lanzas; Que los débiles digan: 'Yo soy fuerte'.

En la antigüedad, cuando los países rara vez tenían un ejército profesional o permanente, dependía de los ciudadanos luchar y defenderse de sus enemigos. No había muchas espadas y lanzas para todos en tiempos de guerra. Había armerías, pero un número insuficiente de armas. Por lo tanto, se trataba de traer tu propia armadura. Cada vez que estallaban problemas, los agricultores comunes corrían al herrero para convertir sus implementos agrícolas de hierro ordinarios en armas de guerra. Convierten sus rejas de arado en espadas y otras armas ofensivas y defensivas para usar en batallas por la supervivencia.

Están cambiando el uso de sus implementos metálicos de implementos agrícolas benignos a armas letales. Estaban convirtiendo las rejas de arado que usaban para cultivar alimentos y alimentarse en armas para luchar contra sus enemigos y mantenerse con vida. Dios también nos está llamando a hacer lo mismo.

Quienquiera que seas, y hagas lo que hagas, Dios espera que conviertas lo que uses para alimentarte en los medios para pelear la guerra espiritual y hacer el ministerio. Ya sea que seas médico o maestro, en las manos de Dios, tu profesión se convierte en una vía para que prediques el evangelio, convirtiendo así algo ordinario en un arma mortal.

Entonces, Dios puede convertir las cosas ordinarias en un arma, y también lo hace el diablo, porque estás sujeto a llevar a cabo las órdenes de quien te controla. Las personas también se convierten en armas. El fenómeno de los terroristas suicidas y asesinos, por el cual las personas arman a otros para sus propios fines o al servicio del Estado, no es nada nuevo. Una cosa es convertir a un hombre en un arma letal entrenándolo para usar armas para matar, y un nivel completamente diferente entrenar al hombre para que la supervivencia del ataque sea opcional. Algunas personas optan por ese tipo de final "glorioso" y pagan el precio más alto por su causa.

Algunos se convierten en terroristas suicidas por razones religiosas, políticas o personales. Usan un chaleco explosivo que detona y se mata a sí mismos y a otras personas. Esa es una forma de convertir a un ser humano en un arma para una causa.

Personajes ficticios como James Bond del Servicio Secreto Británico, el MI6 y Jason Bourne de la CIA fueron entrenados para ser máquinas de matar que generalmente logran sobrevivir para luchar otro día al servicio de sus países.

Después de que Dios convierta a la humanidad en un arma, y el hombre convierta al hombre en un arma, el siguiente nivel en el espectro de la armamentización es el hombre que arma otras cosas, como entidades, procesos o comportamientos. Convertir nuestra acción de gracias en un arma cae en esta categoría, aunque también incorpora las categorías anteriores de Dios armándonos como su hacha de batalla.

Otra dimensión en nuestra comprensión de cómo convertimos nuestra acción de gracias en armas es comprender que somos el arma principal de Dios. Esto implica que no todas las armas son iguales ni se utilizan con el mismo propósito o con el mismo efecto, aunque generalmente se despliegan para lograr el mismo fin de victoria. En la guerra espiritual, hay armas primarias, secundarias e incluso terciarias.

El entendimiento es que la utilidad y la efectividad de un nivel de arma determinan la efectividad de las armas en los niveles superiores de abajo hacia arriba. Por lo tanto, una deficiencia en un arma primaria afecta negativamente la eficiencia de las armas secundarias y terciarias y, a veces, puede hacerlas inútiles.

Como arma principal de Dios, Dios dice: "En mis manos puedo usarte para hacer cualquier cosa". Esto te convierte en un rayo importante en la rueda del plan de batalla de Dios. Todo lo demás irradia de ti, ya sea positivamente o no. Dios no puede pelear Sus batallas sin ti, especialmente en lo que a ti respecta. El apóstol Pablo se hizo eco de este sentimiento cuando dijo: "Todo lo puedo en Cristo que me fortalece". Entonces, cada vez que Dios quiere pelear una batalla o lograr una meta importante, se vuelve hacia la humanidad, es decir, hacia ti y hacia mí, y nos despliega en la batalla. Sin embargo, antes de desplegarnos en la batalla, nos entrena. David aludió a este hecho diciendo que Dios entrena sus manos para la guerra y sus dedos para luchar. Salmo 144:1 Es solo cuando Dios está satisfecho con nosotros que nos despliega para obtener la victoria en Su nombre.

La siguiente etapa en nuestra comprensión de cómo convertir nuestra acción de gracias en armas es que Dios nunca nos envía a la batalla con las manos vacías; eso sería desconsiderado con Él y suicida de nuestra parte. Después de convertirnos en Sus armas principales, Dios nos da armas para luchar, aunque nuestros enemigos no estén de acuerdo y argumenten que no son armas en absoluto. Cualquiera que sea su defecto, sabemos que Dios siempre nos da algo con lo que luchar y, para consternación de nuestros enemigos, nos da la victoria. Por lo general, el objetivo de Su equipo insuficiente es enseñarnos a confiar en Él y no en nuestras armas. Nuevamente, David resonó este hecho diciendo: "Algunos confían en carros y otros en caballos; Pero nos acordaremos del nombre del Señor nuestro Dios". Salmos 20:7

Un ejemplo del tipo de arma que Dios puede poner en nuestras manos para luchar contra nuestros enemigos es la quijada de un asno que Sansón usó para matar a mil filisteos en la batalla. Sansón fue atrapado en una emboscada filistea sin ningún arma reconocible con la que luchar contra sus enemigos. Vio por casualidad la quijada de un asno tirada por ahí, una cosa ordinaria e inútil, pero que, en el poder de Dios, se convirtió en un instrumento de muerte para los filisteos. Cuando Dios y Sansón terminaron, mil filisteos yacían muertos. Sansón era el arma principal de Dios, y la quijada se convirtió en su arma secundaria. Entonces, cualquier cosa que Dios te dé para luchar contra el enemigo constituye tu arma secundaria. Sigues siendo Su arma principal.

Lo mismo ocurrió con David varias generaciones después. David quería enfrentarse a Goliat, que venía fuertemente armado y erizado de armas de hierro y una cota de malla. Todo lo que David tenía era una honda y cinco piedras. La mayoría de los israelitas vieron el esfuerzo simbólico de David como una misión suicida desesperada para salvar las apariencias, ya que todos sabían que una honda y una piedra no podían dañar a alguien que llevara una armadura protectora.

David rogó diferir y eligió apostar su vida al hecho de que sabía que él era el arma principal de Dios. Comprendió que Goliat no tenía ninguna posibilidad contra él. Entonces, declaró: "Ustedes han venido contra mí con espada y lanza, pero yo vengo contra ustedes en el nombre del Señor de los ejércitos". Luego usó su piedra y se la arrojó a Goliat, y debido a que Dios la estaba guiando, sucedieron dos cosas.

Dios dirigió la piedra a la parte más débil de la armadura de Goliat, y luego, cuando la piedra estaba en vuelo, Dios hizo algo más: aumentó significativamente la velocidad de la piedra y la transformó de una piedra peligrosa a una bala letal. Entonces, ¿qué prueba tengo de que Dios convirtió la piedra en una bala? Bueno, si alguien te arrojara una piedra, dependiendo de qué tan cerca esté de ti y, por lo tanto, de la velocidad de viaje y la potencia inherente, lo peor que puedes sufrir es un golpe en la cabeza, con el dolor de cabeza que conlleva. En el extremo, sufrirá una conmoción cerebral, que puede o no ser fatal. La piedra no penetrará en tu cráneo, como lo hizo con Goliat, porque carece de la velocidad y el poder suficientes para causar ese nivel de estragos.

Una bala disparada por un arma viaja a más de cinco veces la velocidad de un disparo de piedra desde una honda, y esa es la razón del poder de penetración de una bala. Goliat nunca lo vio venir y probablemente nunca sintió su impacto. Simplemente se derrumbó y murió, y todo lo que le quedaba a David por hacer era cortarle la cabeza como trofeo de batalla.

El poder de Dios impulsó esa piedra, la guió y la aceleró para que cuando llegara a Goliat, se había vuelto imparable y mortal. El arma (honda y piedra) funcionó solo porque David sabía quién era: el hacha de batalla de Dios. Por lo tanto, la única forma en que las armas que tienes funcionarán para ti es cuando sepas que tienes a Dios respaldándote. También es por eso que puedes estar seguro de que ninguna arma forjada contra ti prosperará. Isaías 54:17 El Dios que nos ha dado la victoria y ha ganado la batalla por nosotros, se encargará de que las armas de nuestros enemigos no trabajen contra nosotros.

La pregunta importante que debemos hacernos es: ¿Qué armas nos ha dado Dios? En 2 Corintios 10:4, la Biblia dice: 'Las armas de nuestra guerra no son carnales'. No son carnosas porque nuestras batallas rara vez son únicamente físicas. Sin embargo, son espirituales y poderosos por medio de Dios para derribar fortalezas, derribar imaginaciones y someter toda cosa alta que se levanta contra el conocimiento de Dios.

Por lo tanto, el propósito de cualquier arma que Dios te haya dado es pelear la guerra espiritual y obtener la victoria en el poder de Dios. Entonces, ¿qué son estas armas?

Efesios 6:10-18 proporciona una lista completa:

"Por lo demás, hermanos míos, fortaleceos en el Señor y en el poder de su fuerza. Vestíos de toda la armadura de Dios, para que podáis resistir las asechanzas del diablo. Porque no luchamos contra sangre y carne, sino contra principados, contra potestades, contra los gobernadores de las tinieblas de este siglo, contra huestes espirituales de maldad en los lugares celestiales. Tomad, pues, toda la armadura de Dios, para que podáis resistir en el día malo, y habiendo hecho todo, estar en pie. *Estad, pues, ceñidos vuestra cintura con la verdad, vestidos de la coraza de la justicia, y calzados vuestros pies con la preparación del evangelio*

71

de la paz; sobre todo, tomando el escudo de la fe, con el cual podréis apagar todos los dardos de fuego del maligno. Y tomad el yelmo de la salvación, y la espada del Espíritu, que es la palabra de Dios; **orando siempre con toda oración y súplica en el Espíritu,** velando por este fin con toda perseverancia y súplica por todos los santos..." (Énfasis mío)

Por lo tanto, nuestras armas espirituales constituyen el cinturón de la verdad, la coraza de la justicia, el evangelio de la paz, el escudo de la fe, el yelmo de la salvación y la espada del Espíritu. Estas son armas ofensivas y defensivas, y con ellas, estamos vestidos para matar.

Tomemos como ejemplo la palabra de Dios, la espada del Espíritu. Es principalmente un arma ofensiva, pero también puede servir para un propósito defensivo cuando sea necesario. Cada vez que empuñas una espada en ataque, estás persiguiendo a otra persona. Sin embargo, incluso las armas principalmente defensivas como un escudo hacen más que defender. Además de protegerte de los dardos del enemigo, en situaciones desesperadas, nuestros escudos pueden servir para un propósito ofensivo. En combate cuerpo a cuerpo, puedes usarlo para aplastar a tu enemigo mientras lo atacas con tu espada.

Sin embargo, tenga en cuenta que, además de las armas obvias mencionadas anteriormente, también se menciona la oración, pero no junto con las demás. ¿Por qué? ¿Por qué necesitamos rezar todo tipo de oraciones en la guerra espiritual? Es porque la oración sirve como nuestro sistema de entrega de armas. Tener armas no es suficiente para ganar batallas. Incluso estar entrenado para usar armas no garantiza la victoria en las batallas si no puedes hacer que tus armas cuenten en el campo de batalla. La oración es la forma en que trabajamos nuestras armas espirituales y las hacemos contar en el campo de batalla.

Curiosamente, el apóstol Pablo aludió a diferentes tipos de oración, lo que implica que no todos los tipos de oración logran lo mismo. La oración efectiva requiere orar el tipo correcto de oración para la situación correcta. Por lo tanto, no es suficiente orar; También debes rezar la oración correcta para asegurar la victoria. La oración es el mecanismo de lanzamiento que dispara tu arma contra el enemigo y provoca la ayuda de Dios para derrotarlo. Sin la agencia de la oración efectiva, nuestras armas se vuelven ineficaces y el enemigo gana.

Entonces, ¿qué tipo de oración podemos orar y en qué circunstancias? A continuación, se muestra una lista de 5 tipos de oración y sus circunstancias correspondientes. Esta lista no es exhaustiva ni pretende ser una definición profunda de los diferentes tipos de oración. Se enumeran para mostrar cómo el tipo de oración que oramos afecta su efectividad:

1. **Oración de acuerdo**: generalmente se requiere cuando se necesita más de una persona para orar. Multiplica el poder de fuego espiritual, ayuda a la eficacia y eleva la oración al nivel de progresión geométrica en el que uno perseguirá a mil, y dos, diez mil. Deuteronomio 32:30 Jesucristo dijo en Mateo 18:19: "Otra vez os digo que, si dos de vosotros se ponen de acuerdo en la tierra en cuanto a cualquier cosa que pidan, les será hecho por mi Padre que está en los cielos".

2. **Oración de fe**: "Y la oración de fe salvará al enfermo, y el Señor lo levantará. Y si ha cometido pecados, le serán perdonados". Santiago 5:15

3. **Oración de intercesión**: Interceder significa suplicar en nombre o pararse en la brecha. Es la oración que se enfoca en personas o situaciones distintas a nosotros mismos, suplicando la intervención divina, Job 22:30

4. **Oración de súplica**: Suplicar significa suplicar por las necesidades de uno. Por lo tanto, la oración se centra únicamente en que Dios satisfaga sus necesidades legítimas. Dios sabe que tenemos necesidades; es la razón por la que Él aconseja que no debemos estar ansiosos, sino que debemos presentar nuestras necesidades en oración mientras suplicamos, y Dios concederá nuestras oraciones, siempre que pidamos en Su nombre y de acuerdo con Su voluntad. Juan 14:12-14

5. **Oración de adoración y acción de gracias**: La alabanza, la adoración y la acción de gracias constituyen otra forma de oración. Su singularidad radica en el hecho de que no solo es un sistema de entrega de armas, sino también un arma letal por derecho propio. Entonces, cada vez que agradeces a Dios, estás orando porque la acción de gracias es oración. Es la oración perfecta porque es la voluntad de Dios para nosotros en Cristo Jesús. Entonces, cada vez que agradecemos a Dios, nunca podemos orar mal. Filipenses 4:6 dice: "Por nada estéis afanosos, sino dada a conocer

vuestra petición delante de Dios en todo, con oración, súplica y acción de gracias".

La Biblia ordena: 'Nunca te preocupes'. ¿Por qué nos ponemos ansiosos? Nos ponemos ansiosos cuando sentimos que no podemos controlar la situación que nos rodea. Cada vez que alguien se enferma a nuestro alrededor y no sabemos qué va a pasar o qué podemos hacer, nos ponemos ansiosos. Si estamos contemplando viajar a través de un lugar peligroso, naturalmente nos ponemos ansiosos.

La forma en que muchas personas lidian con la ansiedad en los países occidentales es tragar pastillas y engancharse a los medicamentos contra la ansiedad. Cuando quieres dormir, solo duermes y roncas, pero algunas personas solo pueden dormir después de tomar pastillas porque sufren de ansiedad y se preocupan por los intangibles. Dios dice que la mejor píldora contra la ansiedad que puedes usar es orar. Él ordena: 'No os afanéis, sino en todo...'

Entonces, cuando te enfrentas a una situación difícil, no dices: 'Dios, esta situación es tan grande que la reservaré para mi ansiedad'. El mandamiento de Dios, 'En todo', abarca tanto los problemas grandes como los pequeños. Su solución para abordar cualquier posible ansiedad es la oración.

Entonces, cada vez que enfrenten desafíos que no sepan cómo manejar, vayan a su habitación y comiencen a orar. Pídele a Dios: 'Padre, ayúdame en esta situación'. Dios ha prometido: 'Llámame y te responderé. Te mostraré cosas grandes y poderosas que no sabes". Jeremías 33:3 Entonces puedes dar gracias a Dios en anticipación de tu progreso.

Cuando Ana oró, pidiéndole a Dios un hijo, había estado orando durante veinte años, pero parecía como si Dios no estuviera escuchando. Luego, en su frustración, regañaba a su esposo: "Dame un hijo". La comprensión y la respuesta amorosa de Elcana fueron: "¿No soy mejor para ti que diez hijos?" La dolorosa respuesta de Hannah fue: "Obviamente no, o no estaría descontenta con mi situación. ¡Quiero un hijo!"

Entonces, un día, Ana fue a orar al templo. Mientras oraba, parecía ansiosa y aparentemente borracha, probablemente porque algunos que habían bebido con demasiada frecuencia estaban durmiendo de su estupor en el templo para desdén del Sumo Sacerdote. Eli pensó que Hannah era una de ellas y la confrontó. Él dijo: 'Aquí vamos de nuevo. Mira a esta mujer. Está borracha como una mofeta y hace el ridículo. La dolorosa respuesta de Hannah fue: 'Señor, no estoy borracha. Estoy tan desesperadamente necesitado que llevé mi caso a Dios". Sorprendido por su lúcida respuesta, demostrando que en realidad no estaba borracha, Eli cambió de opinión y se volvió empático con su problema. Luego la bendijo y proclamó que "Dios ha respondido a tus oraciones".

Ana creyó las palabras de Elí y que este fue un encuentro divino, y la Biblia dice: 'Y salió, y su semblante cambió'. 1 Sam 1:18 El rostro de Ana, que siempre era severo, comenzó a brillar con la luz de la esperanza. Sabía que pronto tendría un hijo porque Dios se lo había dicho.

Su fe significaba que Hannah estaba segura de lo que esperaba y de lo que no podía ver, y eso cambió su perspectiva e impactó su comportamiento. No tenía ninguna razón para quedarse o estar ansiosa de nuevo. En cambio, comenzó a esperar activamente la manifestación de la promesa de Dios para ella. El conocimiento de la fidelidad de Dios le dio paz a Ana, confirmando aún más que sus expectativas no serán cortadas.

El impacto de la respuesta de Dios a la oración de Ana de que "No os afanéis, sino en toda oración con oración, súplica y acción de gracias dada a conocer a Dios" fue que: "Y la paz de Dios, que sobrepasa todo entendimiento, guardará vuestros corazones y vuestros pensamientos en Cristo Jesús", demostrando que la paz de Dios que guarda nuestros corazones es el título de propiedad de las expectativas de nuestra fe. Una vez que tienes paz sobre un tema, significa que está resuelto, tanto en el cielo como en tu corazón, y pronto se convertirá en la realidad que vives. Así era exactamente como Hannah se sentía acerca de su esterilidad. Sabía que ya no era un problema. Dios lo había descubierto. Todo lo que Hannah tenía que hacer era esperar a que su hijo se manifestara.

Cada vez que acudes a Dios en oración y crees que Dios te ha respondido, la prueba de que realmente tendrás la respuesta de Dios es tu paz mental. Lo que antes te preocupaba ya no te molestará, porque ya no tiene ninguna base para existir en tu vida. Dios lo ha manejado. Lo único que te queda por hacer es agradecer a Dios en anticipación de su liberación, de ahí la instrucción de Dios: 'No te inquietes, sino en todo, con oración, súplica y acción de gracias, da a conocer tu petición a Dios'.

Por lo general, solo agradeces a alguien para mostrar aprecio por lo que ha hecho por ti. Es lo correcto. Debes mostrar aprecio por una buena acción. La característica principal de la acción de gracias anticipada es que estás agradeciendo a Dios antes de haber visto físicamente la respuesta a tus oraciones. ¿Por qué? Porque conoces y confías en Él que cumplirá Su promesa y no te fallará. Por lo tanto, aprecias a Dios por fe en anticipación de Su bendición, confiado en que Él lo hará, porque Su palabra es infalible. Es esta filosofía la que sustenta la acción de gracias anticipada y también constituye la semilla de la acción de gracias.

Antes de que pueda tener un roble de Acción de Gracias, debe haber plantado previamente su bellota de Acción de Gracias, lo que lo califica para esperar cosechar una cosecha de Acción de Gracias en un momento posterior de conformidad con las leyes de cosecha.

Esto nos lleva al tema que hemos estado abordando: cómo convertir su acción de gracias en un arma. ¿Cómo se convierten las cosas ordinarias en armas y se convierten en armas espirituales extraordinarias?

Teniendo en cuenta que cualquier cosa y cualquiera puede ser armada, la historia de la mujer con el problema de la sangre nos brinda una respuesta y un ejemplo de cómo convertirse en un arma o armar lo que sea que tengas. ¿Cómo? Decidió convertir su encuentro con Jesucristo como arma y hacer algo extraordinario que la beneficiara y la sanara.

Tocar a Jesús era tan común que cuando se quejó: "Alguien me tocó", sus discípulos incrédulos solo pudieron preguntarse: "Maestro, ¿qué te pasa?" ¿No te ha estado tocando la gente todo el día? ¿Qué tiene de especial ahora? La respuesta de Jesús fue redoblar la apuesta e insistir: 'Dije, alguien me tocó'. Porque fue un toque especial, un toque activado, el toque de la fe. Entonces, la fe es la forma en que activas y armas cualquier cosa que tengas para participar en una guerra espiritual. Las cosas en sí mismas pueden ser ordinarias, pero una vez que se les confiere el poder de la fe, se vuelven extraordinarias y, por lo tanto, pueden lograr cosas extraordinarias.

Activar lo ordinario y convertirlo en un arma es el principio operativo detrás de las prácticas ahora comunes de la Sagrada Comunión, el aceite de la unción, los pañuelos ungidos, las capas o cualquier cosa que pueda transmitir el poder de Dios a un área necesitada. Es nuestro medio para activar el pacto y el poder de Dios para cumplir Su voluntad para nuestras vidas. Fue cómo Sansón transformó la mandíbula inútil de un burro en un garrote que mató a mil filisteos, y permitió que la piedra de David se convirtiera en una bala que penetró el cráneo de Goliat y lo mató. No es de extrañar que el apóstol Pablo dijera: "Y la fe es vuestra victoria". La fe activada transforma cualquier cosa en un arma efectiva.

La mujer con el flujo de sangre preparó su encuentro con Jesús al decidir en su corazón que tocar el borde de la vestidura de Jesús provocaría la liberación de Su unción sanadora. Ella creyó que lo recibiría y lo tuvo, y fue sanada. Otras personas se arremolinaron y tocaron a Jesús sin expectativas especiales, haciendo que su encuentro con Él fuera ordinario. Se fueron con su falta de expectativas cumplidas. La mujer también cumplió con sus expectativas y se fue curada, lo que demuestra que realmente obtienes lo que esperas o no esperas. Si no esperas nada, tus expectativas no se verán defraudadas. Te irás sin nada.

Convertir lo ordinario en un arma significaba que esta mujer hizo algo significativo de su encuentro con Jesucristo. Ella dijo: 'Debo tocar el borde de Su manto', convirtiendo así lo que habría sido un encuentro ordinario en algo especial. Puedes hacer lo mismo y usar cualquier cosa para provocar la poderosa respuesta de Dios en tu vida. Una forma de lograr esto es a través del Día de Acción de Gracias. Puedes decidir que, 'Dios, cuando vaya a la iglesia hoy, te tocaré con mi alabanza y acción de gracias en espera de sanidad, y puesto que Jesucristo es el mismo, ayer, hoy y por los siglos, Hebreos 13:8, regresarás a casa sanado. Solo necesitas venir con altas expectativas.

Hace unos años, algo le sucedió a mi esposa de camino al trabajo. Esa mañana, sucedió algo interesante e inusual antes de salir de la casa. Estaba arriba cuando de repente escuché un fuerte ruido abajo. Mi esposa estaba orando en lenguas inusualmente violentas y solo podía preguntar: '¿Qué está pasando con esta mujer hoy?

Dos horas después de que se fuera a trabajar, recibí una llamada informándome que había estado involucrada en un accidente. Un mensajero en una motocicleta, que viajaba a gran velocidad, la atropelló y la atropelló cuando cruzaba la calle para ingresar al hospital donde trabajaba. El impacto la levantó y la lanzó varios metros en el aire. Aterrizó sobre su brazo mientras intentaba detener su caída. Afortunadamente, debido a que era invierno y estaba bien acolchada, la chaqueta gruesa de mi esposa le proporcionó un cojín liviano que evitó la abrasión de la piel. Los espectadores la llevaron al hospital, donde los médicos la revisaron, le recetaron un analgésico y la dieron de alta. Ella regresó a casa unas horas más tarde por sus propios medios. Entonces entendí la razón de su anterior oración violenta: Dios la estaba preparando para ese encuentro que Satanás estaba preparando para quitarle la vida.

Después de que la adrenalina del encuentro disminuyó, comenzó a sentir dolores.Se tomó un tiempo del trabajo para descansar y recuperarse, pero todavía tenía dolor en todas partes, especialmente en el brazo. Todavía con dolor, el domingo por la mañana, contempló perderse el servicio matutino y quedarse en casa para sanar. Entonces oyó una voz que decía: "¿Dónde más deberías ir a sanar sino a la Iglesia?"

Entonces, decidió asistir al servicio dominical. Durante el servicio,y mientras alabábamos a Dios, el ministro dijo: 'Siento la presencia del Señor para sanar. Si tienes algún tipo de dolor, levanta la mano y adora a Dios". Mi esposa, que estaba sufriendo, levantó las manos y comenzó a agradecer a Dios por su sanidad. Entonces, de repente se dio cuenta de que su dolor había desaparecido. Como diría Jesús, su fe la había sanado.

Alabar y agradecer a Dios convirtió su acción de gracias en un arma, precipitando su sanidad. Cualquier problema en tu vida con el que estés luchando puede convertirse en un arma. Solo tienes que decidirte y decir: "Dios, como voy a encontrarme contigo hoy en el servicio de la iglesia, espero recibir tu toque". Dios honrará tu fe.

Entiende que lo que sea que estés esperando nunca te toma por sorpresa, porque es esperado. Con Dios, la única sorpresa es la magnitud de lo que Él hará por nosotros, porque Él ha prometido hacer mucho más abundantemente que todo lo que podamos pensar o imaginar por Su poder obrando en nosotros. Efesios 3:20

La acción de gracias anticipada significa agradecer a Dios como una semilla de fe, sabiendo que tendremos una mejor causa para agradecerle más adelante por lo que ha hecho.

Alguien que utilizó su acción de gracias como arma para enfrentar una situación desesperada fue el Profeta Habacuc. Dijo: "Aunque la higuera no florezca, ni haya fruto en las vides; Aunque el trabajo del olivo falle, Y los campos no den alimento; Aunque el rebaño sea cortado del redil, y no haya vacas en los establos, sin embargo, me alegraré en el Señor, me gozaré en el Dios de mi salvación. El Señor Dios es mi fortaleza; Hará mis pies como pies de ciervo, y me hará andar sobre mis altos montes". Habacuc 3:17-19

El pasaje anterior describe una situación extrema, el peor de los casos. Sin embargo, la respuesta de Habacuc fue contraria a la intuición y lo contrario de lo que alguien en problemas haría naturalmente. Eligió regocijarse ante la calamidad cuando debería haber estado llorando y lamentándose en anticipación de la pérdida que estaba a punto de sufrir.

Representa una situación en la que no tienes comida en la casa y no tienes dinero para pagar las facturas que se acumulan. Las cuentas bancarias están sobregiradas, las tarjetas de crédito están al máximo y las cuotas escolares de los niños están atrasadas desde hace mucho tiempo. Los alguaciles ahora están golpeando la puerta tratando de obtener pagos por sentencias judiciales en su contra. En pocas palabras, estás en sopa caliente. Entonces, ¿qué haces aparte de matarte?

Tus opciones son jugar al avestruz y fingir que todo está bien o que no pasa nada; eso no funcionará. También puedes quejarte contra Dios o el sistema y culpar a todos, incluyéndote a ti mismo, por tu situación, pero eso aún no te llevará a ninguna parte; probablemente empeorará las cosas.

Lo que la mayoría de nosotros en esa situación no pensaría en hacer es agradecer a Dios "en y por todo", porque es contrario a nuestra naturaleza. Tendríamos a hacer una de las otras dos opciones. Bueno, Habacuc optó por la tercera opción y nuclear; eligió regocijarse en sus problemas, confiando en que Dios lo liberaría y cambiaría las cosas por él, y así exponiendo la razón de su respuesta inconformista a las dificultades: Dios.

Habacuc sabía que mientras Dios esté contigo, no importa lo que esté en tu contra. Su prioridad era complacer al Dios que puede ayudarlo, independientemente de quién se ofenda. Entendió que su opinión personal sobre el tema no importa y que sus sentimientos no son importantes. Lo único importante es exaltar a Dios y reconocer Su soberanía sobre tu vida y tus circunstancias. Entonces, ¿qué le dio a Habacuc la confianza de que Dios actuaría para liberarlo?

Habacuc era un siervo de Dios. Sabía que pertenecía a Dios y era un instrumento en Sus manos. Entonces, cuando sabes que eres un arma de guerra, sabes que estás en las manos de Dios, y Dios cuidará de ti y te usará para Su gloria. En consecuencia, no miras las circunstancias, sino que te enfocas en Dios, el autor y consumador de tu fe, confiando en que Aquel que comenzó la obra en ti es fiel para completarla.

David dijo: "Alzaré mis ojos a las colinas, de donde viene mi socorro. Mi ayuda viene del Señor, que hizo el cielo y la tierra". Salmo 121:1-2 Entonces, cuando tienes una situación que normalmente debería decepcionarte, ese es un momento para comenzar a agradecer a Dios. Utilizas tu acción de gracias como arma regocijándote en el Señor y negándote a permitir que tus circunstancias te dominen o te derriben, un sentimiento reflejado en Job 22:29, que dice: "Cuando te derriben, y digas: '¡Vendrá la exaltación!' Entonces salvará a la persona humilde".

Por lo tanto, el hecho de que haya perdido su trabajo no debería deprimirlo. Convierte tu desempleo en un arma aclamando a Dios como tu fuente. Job ejemplificó esa realidad cuando, en un día, pasó de ser millonario a un pobre. Se despertó un día, con todo, pero se fue a la cama sin nada. ¿Cómo respondió Job a la calamidad que le sobrevino? Él dijo: 'El Señor da, el Señor quita. Bendito sea el nombre del Señor'. Esa sola acción garantizó la victoria de Job.

Al elegir no quejarse sino glorificar a Dios en sus dificultades, Job estaba diciendo: "Dios, este no es mi problema. Es tuyo. Job estaba bendiciendo a Dios y agradeciéndole, desafiando los dictados de sus circunstancias.

Entonces, cuando la Biblia dice: 'En todo, da gracias', significa que das gracias tanto en situaciones malas como buenas. Cualquiera que sea la situación en la que te encuentres, trátala siempre como una oportunidad para agradecer a Dios.

Otro tipo de acción de gracias es la acción de gracias reflexiva. Reflexionar significa pensar en eventos pasados. La acción de gracias reflexiva significa recordar la bondad de Dios para ayudarte a apreciar Su grandeza. En 2 Samuel 7:18, la Biblia dice: "Entonces entró el rey David y se sentó delante de Jehová; y dijo: "¿Quién soy yo, oh Señor Dios? ¿Y cuál es mi casa, que me has traído aquí?" Es cuando hablas con Dios y Dios te habla, tal como lo hizo David. David reconoció que Dios lo hizo y vio cuán lejos lo había llevado de la nada a convertirse en el rey de una nación.

Un dicho en lengua yoruba afirma que aquellos que piensan profundamente y reflexionan tendrán motivos para agradecer a Dios. Para muchos de nosotros, nuestro pensamiento es tan superficial que siempre estamos enfocados en lo que Dios no ha hecho. 'Dios, pedí una casa, pero no me la has dado'. Sí, es posible que Dios no te haya dado una casa, pero ¿fuiste al baño sin ningún problema esta mañana? ¿Pudiste moverte sin ayuda cuando te despertaste?

Recuerda que algunas personas necesitan ayuda para hacer cosas simples, y tú no eres mejor que ellas. ¿Puedes levantar la mano a voluntad y sin pensar? ¿Entiendes que no todo el mundo disfruta de ese privilegio? ¿Sabes que algunas personas no pueden levantar la mano, aunque quieran? Dijiste: "Oh, planeo estar en la iglesia el domingo". ¿Y viniste, y no lo ves como un privilegio? Muchas personas tenían el mismo plan que tú, pero no pudieron hacerlo.

Muchos de nosotros damos por sentado a Dios. Entonces, al reflexionar y mirar profundamente en nuestras vidas, comenzamos a apreciar las pequeñas cosas que hacen que la vida valga la pena y vemos la grandeza de Dios. La reflexión nos ayuda a poner las cosas en la perspectiva correcta. Verás a Dios allá arriba, y tu problema aquí abajo, y te darás cuenta de que tu problema no es nada comparado con Dios, y eso te da la confianza de que Dios cuidará de ti. Entonces podrás agradecer a Dios.

La acción de gracias de celebración, como su nombre lo indica, implica regocijarse y celebrar lo que Dios ha hecho en su vida: '¡Este es mi testimonio!' 'Dios hizo esto por mí'. "Dios me dio esto. Este tipo de acción de gracias es con lo que todos estamos familiarizados. Todos lo hemos hecho en algún momento por varias razones para celebrar y apreciar la bondad de Dios en nuestras vidas.

Entonces, ¿cómo conviertes tu acción de gracias en un arma, sea cual sea su forma? Un ejemplo que bastará es el relato bíblico que narra las hazañas del equipo apostólico de Pablo y Silas.

Dios los había guiado dramáticamente a través del territorio de la actual Turquía o Türkiye hasta Grecia, llevando así el evangelio a Europa desde Asia Menor. Mientras predicaban el evangelio en la ciudad de Filipos, una mujer poseída por un demonio comenzó a seguirlos. Siguió tratando de congraciarse con el equipo de Pablo para confundir a la gente común sobre la relación del espíritu de adivinación que la controlaba y el Espíritu Santo en cuyo poder operaban Pablo y su equipo. Si este plan diabólico hubiera tenido éxito, habría confundido a las personas que habrían luchado por diferenciar entre el Dios de Pablo y los demonios de adivinación de la mujer, y el mensaje del evangelio habría sido neutralizado. Pablo vio el peligro de lo que estaba haciendo y la detuvo expulsando al demonio.

Sin embargo, esta mujer era una esclava y su don de adivinación era una fuente de ingresos para sus amos. Enfurecidos por la pérdida de sus medios de vida, incitaron a la gente y atacaron a Pablo y Silas, acusándolos de causar problemas. Las autoridades ni siquiera hicieron preguntas, sino que simplemente las tomaron y las metieron en la cárcel, a pesar de que no habían hecho nada malo.

La vida a veces puede ser cruel con nosotros. La gente puede atacarte incluso cuando no has hecho nada malo, y hacer lo correcto no es protección; Aún así te atacarán. La sensación de injusticia puede ser aún más pronunciada si estuvieras actuando en obediencia a la directiva de Dios, porque te hace preguntarte qué estaba haciendo Dios cuando la gente te atacó, después de haberte llevado a ello.

Entonces, ¿qué hubieras esperado que Paul y Salas hubieran hecho como respuesta a ser encarcelados injustamente por algo de lo que eran inocentes? Probablemente habrías dicho: "Ah, Dios, pensé que me enviaste aquí. ¿Por qué estoy pasando por todo esto?" Pablo y Silas entendieron lo que significaba convertir su acción de gracias en un arma. La Biblia dice que: "A medianoche, Pablo y Silas alzaron la voz a Dios y cantaron himnos de alabanza, y todos los oyeron. Hechos 16:25 también implica que mientras alababan a Dios en su dolor, es decir, acción de gracias anticipada y reflexiva, atrajeron la presencia de Dios a su situación, y Dios los liberó. A partir de entonces, sus elogios se convirtieron en una celebración.

En honor a su acción de gracias, el Dios que habita en las alabanzas de su pueblo, Salmo 22:3, apareció con poder y rompió sus grilletes. Las puertas de la prisión se abrieron de golpe y los reclusos fueron potencialmente libres de escapar, todo porque Pablo y Silas convirtieron su acción de gracias en un arma. Si quieres una experiencia similar, solo necesitas seguir su ejemplo y agradecer a Dios como nunca antes lo habías hecho.

El apóstol Pablo dijo: "Haya, pues, en vosotros este sentir que hubo en Cristo Jesús". ¿Qué mente era esa? La misma mentalidad de acción de gracias que tenía Jesús que precipitó sus hazañas. Cuando Jesucristo estaba a punto de morir, compartió comunión con Sus discípulos y dio gracias. Comprenda que, según el modelo de Jesús, la acción de gracias siempre precede a un milagro.

El milagro más grande que Jesucristo haya realizado fue resucitar el cadáver de Lázaro, que estuvo muerto durante 4 días y ya apestaba. Incluso sus propias hermanas le suplicaron a Jesús: 'Maestro, déjalo en paz'. Cuando Lázaro estaba vivo, era algo. Pero en la muerte, se convirtió en nada. Sus hermanas sostenían: "Maestro, si tan solo hubieras venido antes, nuestro hermano todavía estaría vivo". Su entendimiento era que Jesús tenía el poder de sanar a los enfermos, pero no era lo suficientemente poderoso como para resucitar a los muertos, y esa era su limitación.

Por lo tanto, la razón principal por la que debes agradecer a Dios en todo es que no lo sabes todo. Solo lo sabes en parte. El Día de Acción de Gracias brinda una rara oportunidad de experimentar a Dios de una manera nueva y conocerlo mejor, y comprender Su agenda para nuestras vidas.

La razón de Dios para permitir que Pablo y Silas fueran encarcelados a pesar de su inocencia pronto se hizo evidente cuando el Carcelero, que se había despertado sobresaltado por el terremoto, descubrió que las puertas de la prisión se habían abierto de par en par. Asumiendo que todos los prisioneros habían escapado, resolvió suicidarse. Pablo tuvo que detenerlo gritando: "Oh, no te lastimes. ¡Estamos todos aquí!" Nadie había escapado, porque ellos también estaban aterrorizados del Dios de Pablo.

¿Sabes lo que dijo el carcelero en respuesta? Él preguntó: "¿Qué debo hacer para ser salvo?" ¡Qué declaración tan cargada! Significaba que el carcelero no era ajeno al evangelio. Probablemente había visto a Pablo y Silas predicando en el mercado, y había escuchado su mensaje y había llegado a la conclusión de que eran tontos, pero en el momento en que vio el poder de Dios en acción, el Espíritu Santo lo convenció de su pecado y respondió: "Soy un pecador. ¿Qué debo hacer para ser salvo?"

El enemigo traerá problemas a tu vida, con la intención de volverte contra Dios, pero a través de la acción de gracias, puedes cambiar las tornas al no jugar su juego. Permites que Dios tome el control de la situación y cumpla Su voluntad para ti.

Así que comprenda que cuando la Biblia dice: "En todo", Dios quiso decir "En todo". Incluso cuando las cosas se nos presentan, todavía decimos: 'Gracias, Señor'. Por lo tanto, no dejes que nada te moleste, porque eso es lo que el diablo quiere hacerte; quiere molestarte. Niégate a estar ansioso. Mira el miedo a los ojos y elige tener fe en la capacidad de Dios para liberarte. Es posible que no puedas controlar lo que sucede a tu alrededor, pero ciertamente puedes controlar lo que sucede en tu mente y elegir creer en Dios. Entonces, por fe, puedes agradecer a Dios en cualquier situación en la que te encuentres, y Él te ayudará.

5

Acción de Gracias: Fortaleza a través del gozo

Hemos visto cómo podemos armar nuestra acción de gracias, cómo la acción de gracias nos ayuda a mantenernos en la voluntad de Dios y comprender la voluntad de Dios para nuestras vidas.

En este capítulo final, examinaremos el poder secreto que nos permite cumplir y obedecer el mandato de Dios de que: "Dad gracias en todo, porque esta es la voluntad de Dios para vosotros en Cristo Jesús". 1 Tesalonicenses 5:18

Como se mencionó anteriormente, no siempre tendremos ganas de agradecer a Dios. A veces, es simple, especialmente cuando las cosas van bien para ti y quieres compartir tu testimonio de la bondad de Dios, como cuando Dios te ha bendecido, tu hijo acaba de graduarse o casarse, o Dios ha respondido tus oraciones, o quieres dar gracias a Dios por el fruto del vientre.

Sin embargo, dar gracias a veces también puede ser una batalla. ¿Qué pasa si acaba de perder su trabajo? ¿Vas a decir: '¿Señor, te agradezco porque me has entristecido? Eso no suena bien. La Biblia dice que Dios está a cargo de nuestras vidas. Él sabe cuándo te despidieron. Él sabía cuándo se estaba preparando esa carta de despido, y no intervino. Por lo tanto, puedes, en un nivel, acusar justificadamente a Dios de que Él es culpable de causar tu despido y puede que no tengas ganas de agradecer a Dios en ese tipo de situación.

Nuestro objetivo es explorar cómo podemos dar gracias en y por todo, y la clave para lograr esa hazaña es la alegría, específicamente, la alegría del Señor. Entonces, ¿qué es la alegría? En Filipenses 4:4, el apóstol Pablo escribió: "Regocíjense en el Señor siempre y otra vez digo regocíjense". La combinación de los dos pasajes produce: 'En todo, dad gracias, porque esta es la voluntad de Dios para vosotros en Cristo Jesús', y 'Regocijaos siempre en el Señor, y otra vez os digo, regocijaos'. Tienes tu respuesta en cuanto a cómo debes dar gracias en todo. Debes regocijarte siempre en el Señor.

Por lo tanto, la clave para poder dar gracias a Dios en todo es nuestra alegría. Si puedes aferrarte a tu gozo, puedes mantenerte espiritualmente agudo y brillante y podrás regocijarte en cada situación. También te darás cuenta de que te ahorrará muchos problemas y te dirigirá por el camino correcto que debes seguir.

Como ocurre con todo en la vida, tu actitud determina tu altitud. El gozo es el medio que Dios usa para mantener nuestra actitud en el lugar correcto. Nuestra actitud es importante porque determina cómo vemos la vida. Entonces, si todo lo que ves es siempre negativo, es porque tienes la perspectiva equivocada. Tendrás muchos problemas con Dios, y probablemente también con los hombres, porque tu actitud muestra lo que hay en tu corazón y también influye en tus acciones. Es por eso por lo que siempre se nos anima a tener una actitud positiva en todo lo que hacemos.

La alegría te da la perspectiva correcta de la vida que te permite cultivar la actitud correcta para tu situación. Comprenda que, aparte de nuestra salvación, el gozo es su siguiente mejor activo. Es por eso por lo que Satanás siempre tiene como objetivo robarnos nuestro gozo. Cada vez que el enemigo te ataca, el único premio que busca es robarte la alegría, y en el momento en que lo logra, tu vida queda abierta de par en par porque la alegría es tu primera línea de defensa contra los ataques enemigos. Por lo tanto, la razón por la que la Biblia dice: "Regocíjate siempre" no es necesariamente porque las cosas te vayan bien, sino porque Dios es bueno y lo es para ti.

Por lo tanto, la clave para poder estar delante de Dios y del hombre para glorificar a Dios es comprender lo que significa regocijarse siempre en el Señor. Sin embargo, hay diferentes tipos de regocijo. La Biblia dice que Dios se regocija por nosotros con cantos. Sofonías 3:17 También dice que "Porque como un joven se casa con una virgen, así se casarán contigo tus hijos; Y como el novio se regocija por la novia, así se regocijará tu Dios por ti". Isaías 62:5 El tipo de regocijo que sirve como clave para nuestra victoria es regocijarse en el Señor.

Simplemente regocijarse es diferente de regocijarse en el Señor, porque en este último, hacemos de Dios el centro de nuestra atención y lo admiramos como nuestro libertador. Esa es la clave para que salgamos victoriosos. Por lo tanto, nuestra actitud es importante.

Un ejemplo de alguien que tuvo la actitud equivocada, de la que Dios le advirtió, fue Caín. "Pero por Caín y su ofrenda, no tenía respeto ni consideración". Así que Caín estaba extremadamente enojado e indignado, y parecía triste y deprimido". Génesis 4:5

Este pasaje describe cómo se sintió Caín cuando Dios lo rechazó. Estaba enojado con Dios, triste y deprimido. Caín era un hombre sin alegría. Tenía un problema de actitud. Cada vez que alguien está deprimido, es porque carece de alegría. Cuando tu alegría se desborda, ni siquiera sabes cómo estar deprimido. Pero, en el caso de Caín, así era exactamente como se sentía: deprimido.

"Y el Señor le dijo a Caín: '¿Por qué estás enojado? ¿Por qué te ves triste, deprimido y abatido?" La réplica de Dios a Caín fue: "¿Qué te he dicho o hecho que te hace tan hosco? Solo rechacé lo que me disté porque tu corazón no era recto". Sin embargo, en lugar de que Caín actuara por sugerencia de Dios y rectificara su error, eligió enojarse con Dios.

Nosotros también a veces cuestionamos a Dios preguntando: '¿Por qué permitiste que me sucediera algo así? No sabemos si Dios lo permitió porque quería enseñarnos algo nuevo y abrirnos los ojos a cosas que no sabíamos antes. Entonces, Caín se enojó con Dios y preguntó: 'Dios, ¿por qué rechazaste mi ofrenda?' Proverbios 19:3 dice: "La necedad del hombre tuerce su camino, y su corazón se inquieta contra Jehová".

Ahora escuche lo que Dios dijo en el versículo 7. Él dice: "Si haces bien, ¿no serás aceptado?" Por favor, tome nota de esa frase, "Si lo haces bien". ¿Qué significa hacerlo bien? Significa que si haces lo que se supone que debes hacer en esa situación particular, ¿no te irá bien?

Esto implica que lo que hagas o dejes de hacer cuando te enfrentes a situaciones desafiantes determinará la respuesta de Dios hacia ti. Tu respuesta a los desafíos determinará cómo Dios te responderá. Curiosamente, Dios no dijo: 'Está bien, Caín, te ayudaré', aceptando así la responsabilidad de las acciones de este último. En cambio, dijo: "Si lo haces bien", lo que implica que Caín era responsable de sus acciones.

Eso nos lleva al segundo punto de que Dios siempre nos hace responsables de nuestra actitud y de cualquier acción a la que nos lleve. Caín estaba enojado con Dios, pero Dios no dijo: "Está bien, no te preocupes. Te perdonaré por esto". Dios dijo: "Ah, te hago responsable. Si lo haces bien y haces lo que se supone que debes hacer, no estarás donde estás ahora. Por lo tanto, haz lo correcto y todo te irá bien'.

Por lo tanto, comprenda que cuando la Biblia dice 'En todo, dé gracias', significa que Dios espera que haga lo correcto, y que lo correcto es seguir la palabra de Dios con respecto a su vida. Por lo tanto, la acción de gracias es siempre lo correcto.

Escuche lo que Dios le dijo a Caín: "Y si no haces el bien". Dios le estaba dando las opciones disponibles a Caín: hacerlo bien o no hacerlo. Él dijo: 'Pero si no haces el bien, el pecado se agazapa a tu puerta'.

El objetivo del enemigo al atacarnos es robar nuestro gozo y ponernos en contra de Dios. Él quiere que culpemos a Dios por nuestra situación y hagamos que Dios se enoje con nosotros. Él quiere separarnos de nuestra fuente para poder atrincherarse aún más en nuestras vidas, y tendrá éxito si no lo hacemos bien.

La advertencia de Dios a Caín es: "No hagas eso. Caerás en la trampa de Satanás". Ser testarudo e insistir en seguir nuestro propio camino puede llevarnos a la trampa de Satanás. Sí, puedes decir: "Bueno, Dios, tú estás a cargo de mi vida. Eres el dueño de mi vida. No permitirás que me pase nada malo. Dijiste que tus planes para mí son buenos y no malos para darme un final esperado". Jeremías 29:11 Y la respuesta de Dios es: "Sí, todas esas cosas son verdaderas, pero tú sigues siendo responsable de tus acciones. Si crees que te estoy fallando, todavía te hago responsable de tu actitud. Cómo me tratas es cómo te trataré yo'.

¿Te quejas de tu situación y así destacas la aparente e implícita incompetencia de Dios? ¿O dices: 'Dios, no sé lo que está pasando, ¿pero sigues siendo mi Dios'? Entonces, tienes una opción, y Dios ahora está diciendo que, si no lo haces bien, el pecado está agazapado a tu puerta.

Esto implica que el pecado te acecha como un depredador acecha a su presa para matarla. La palabra "agacharse" significa adoptar una posición en la que las rodillas están dobladas y la parte superior del cuerpo se adelanta y se baja, normalmente para evitar ser detectado o para defenderse: es esconderse en preparación para saltar. La advertencia de Dios a Caín implica que el enemigo siempre está monitoreando y tratando de aprovechar tu mala actitud en tu contra. Lo contrario es que Dios también está vigilando constantemente tu actitud para evaluar si mereces Su bendición.

Entonces, si todo lo que Dios ve que haces es quejarte y denigrarlo, Él restringirá Su ayuda, y eso abre la puerta para que el diablo se abalance y te lastime. Satanás nos instiga a quejarnos contra una aparente falta de cuidado porque quiere que pequemos y les dé acceso a nuestras vidas para ocasionar nuestra ruina.

Siempre que te enfrentes a desafíos o experimentes tentación, comprende que es porque el pecado siempre está agazapado y al acecho para que tomes la decisión equivocada para ocasionar tu caída. El plan de escape de Dios para ti es que, si haces lo correcto en ese momento crucial, el pecado no tendrá poder ni dominio sobre ti.

Entonces, ¿qué es lo que debemos hacer para evitar caer bajo el poder del diablo? La Biblia dice: 'Regocíjense'. Específicamente, 'Regocíjense siempre en el Señor'. Así es como resistes al diablo y lo obligas a huir de ti. Santiago 4:7

Escuche la opinión del apóstol Santiago sobre el tema. Él dijo: "Hermanos míos, tened por sumo gozo cuando caigáis en diversas pruebas, sabiendo que la prueba de vuestra fe produce paciencia. Pero que la paciencia tenga su obra perfecta, para que seáis perfectos y completos, sin que os falte nada". Santiago 1:2-4 El gozo es tu defensa y la clave de tu victoria.

Si puedes aprender y comprender esta importante verdad espiritual, no significa que nunca volverás a enfrentar desafíos en tu vida. Te garantizo que lo harás. Sin embargo, también puedo garantizar que si decides hacer lo correcto en todo momento, tendrás más oportunidades de cumplir tu destino, porque tu vida honrará a Dios. Esa es la razón por la que el gozo del Señor es la clave para cumplir tu destino.

Entonces, ¿qué es la alegría? El gozo es un componente del fruto del Espíritu y de la manifestación del carácter de Dios en nosotros. La alegría es diferente de la felicidad, aunque ambas tienen el atributo de alegría. La felicidad está sujeta a nuestras circunstancias: ganar la lotería te hace feliz. ¿Por qué? Porque te ha pasado algo bueno y puede cambiarte la vida. Perder tu trabajo te entristece porque algo malo te ha pasado.

La alegría es diferente de la felicidad porque es lo que Dios ha puesto dentro de ti y, por lo tanto, no está sujeto a tu entorno. Por lo tanto, como cristianos, todos tenemos gozo en nosotros. El problema es si inicias esa alegría y haces que funcione para ti.

Entonces, ¿cómo sabemos que tenemos gozo en nosotros? Porque es el fruto del Espíritu. Si naces de nuevo, es decir, el Espíritu da testimonio con tu espíritu de que eres un hijo de Dios, Romanos 8:16, entonces tienes Su gozo potencialmente en ti. Es a medida que te rindes a la guía del Espíritu Santo que tu gozo comienza a manifestarse e impactar tu vida.

Gálatas 5:22-23 dice: "Pero el fruto del Espíritu es amor, gozo, paz, paciencia, benignidad, bondad, fidelidad, mansedumbre, dominio propio. Contra ellos no hay ley". Entonces, todos estos atributos ya están dentro de nosotros porque el Espíritu Santo está trabajando dentro de nosotros. Ya tienes gozo como semilla, pero debes decidirte a ejercitar tu voluntad y regocijarte para estimular tu gozo en la vida y hacer que se desborde.

Comprenda que tiene la capacidad innata de ejercer su voluntad. Es tu derecho como ser humano y agente moral. La Biblia dice en Habacuc 3:17-19: "Aunque la higuera no florezca, ni haya fruto en las vides; Aunque el trabajo del olivo falle, Y los campos no den alimento; Aunque el rebaño sea cortado del redil, y no haya vacas en los establos, sin embargo, me alegraré en el Señor, me gozaré en el Dios de mi salvación. El Señor Dios es mi fortaleza; Hará mis pies como pies de ciervo, y me hará andar sobre mis altos montes".

La situación de Habacuc era tan mala como podía ser; era el peor de los casos y el cumplimiento de la Ley de Murphy. Todo lo que podía salir mal ya había salido mal. Sin embargo, su respuesta fue: "Me regocijaré". Entonces, vuelve a ti. Es tu responsabilidad, tu elección, lo que haces con lo que tienes. Dices: 'En lo que a mí respecta, elijo regocijarme. Es primero una elección para regocijarse; luego se traduce en una acción. Lo que sucede a continuación es que el espíritu de gozo te llenará a medida que Dios libere el espíritu de gozo para llenarte.

El mecanismo de acción es que nuestra decisión generalmente se traduce en acción, y luego el espíritu toma el control. Por ejemplo, la Biblia dice: "Y puesto que tenemos el mismo espíritu de fe, según lo que está escrito: "Creí y por eso hablé", también creemos y por lo tanto hablamos". 2 Corintios 4:13 Esto implica que al elegir la fe y actuar con fe, Dios impartirá el Espíritu de fe que hace que nuestra fe sea inexpugnable.

Lo que comenzó como un acto de la voluntad es traducido por el espíritu de fe en la manifestación del Espíritu Santo en nosotros. Hablar palabras de fe provoca la liberación del poder de Dios para lograr su cumplimiento. Por lo tanto, ya no te estás obligando a ejercitar tu fe; simplemente es natural porque Dios se ha hecho cargo y te está empoderando. Tu fe se eleva entonces a un nivel en el que puede recibir su objetivo.

La alegría opera en el mismo formato espiritual porque, como la fe, ya existe en nuestros corazones en pequeña medida como fruto del Espíritu. Entonces, cuando decidas a través de la fuerza de voluntad que, 'Dios, me regocijaré, y seguiré tu decisión con regocijo activo, Dios impartirá el Espíritu de gozo que traducirá la naturaleza de tu gozo de artificial a sin esfuerzo. Esto le permite sacar del pozo de fuerza que es el poder de Dios para satisfacer sus necesidades.

Por lo tanto, la clave para lograr la victoria sobre tus circunstancias es elegir regocijarte en el Señor, pero ¿por qué quieres regocijarte en el Señor? Es porque Dios es una cantidad conocida. Él no cambia; No puede mentir; No puede morir. Él nunca te dará la espalda. Es tan sólido y, por lo tanto, siempre confiable. Esa confianza que tienes en Él es la razón por la que puedes decir: "Dios, incluso si todo no me va bien, sé que todavía tienes el control de nuestra vida y harás que todas las cosas obren juntas para mi bien". Saber que Dios no cambia te permite ejercer tu fe en Él.

En respuesta a tu fe, Dios liberará Su poder sobre ti y comenzará a hacer posible lo que pensabas que era imposible. Joy sigue el mismo formato. Tu regocijo empoderará a Dios para actuar en tu vida y abrirá puertas de oportunidad que nunca supiste que estaban allí. Sin embargo, también comprenda que, de la misma manera, su falta de alegría y quejas pueden hacer que se vuelva contra Dios o que Dios se vuelva contra usted. Abre la puerta del mal para que el enemigo te ataque, porque como Dios le advirtió a Caín, el pecado siempre está agazapado a tu puerta, buscando abalanzarse sobre ti y ocasionar tu caída.

Por lo tanto, cada vez que te sientas tentado a quejarte, simplemente di: "Dios, sé que esto me hará pecar contra ti. Me niego a hacerlo. En cambio, haré lo que se supone que debo hacer según lo prescrito en tu palabra, que dice: "En todo, da gracias". "Entonces, te agradezco. Aunque no tenga ganas, fingiré hasta que lo logre, porque sé que, al alabarte y exaltarte, derramarás tu aceite de alegría sobre mí. El Espíritu de gozo me llenará'. La Biblia dice: "Amáis la justicia y aborrecéis la maldad; Por eso Dios, tu Dios, te ha ungido con óleo de alegría más que a tus compañeros". Salmos 45:7

Cuando abres tu vida a Dios regocijándote en el Señor, le demuestras que amas la justicia y odias la maldad. Dios responderá a tu fidelidad ungiéndote con el aceite de la alegría o el gozo, y Su gozo te cubrirá con su sombra y se convertirá en tu fortaleza, capacitándote para hacer todas las cosas en Cristo, quien te fortalece. Ten en cuenta esta verdad, porque algún día la necesitarás.

La única excepción cuando el gozo no funciona como podríamos esperar es cuando tiene la agenda de Dios adjunta a él. Esto significa que Dios está trabajando según los dictados de un panorama más amplio de lo que podemos imaginar, pero, en la plenitud del tiempo, honraría su compromiso con nosotros para llenarnos de gozo desbordante.

Aunque Dios espera que nos regocijemos siempre, un hombre que se regocijó en su calamidad, pero no experimentó el impacto inmediato de su gozo fue Job. Cuando le sobrevino una calamidad, ¿cómo respondió Job? Se inclinó en adoración y dijo: 'El Señor da, el Señor toma. Bendito sea el nombre del Señor'. Job hizo lo correcto sobre sus circunstancias, pero no tuvo un impacto inmediato en su situación. Job, por lo tanto, inicialmente demostró ser la única excepción a la norma de que cuando haces lo correcto al alabar y glorificar a Dios, te irá bien. Al final, Dios lo apoyó.

Cuando luches para mantener tu gozo y evitar que el enemigo te robe tu herencia de gozo y fuente de fortaleza divina, Dios te honrará con Su presencia y pondrá fin al ataque de Satanás contra ti, porque Su palabra nos asegura que en Su presencia hay plenitud de gozo, y a Su diestra hay placer para siempre. Salmo 16:11 Esto prueba que la presencia de Dios es el requisito principal para el gozo desbordante.

Entonces, si tu pregunta es: '¿Por qué me he regocijado en el Señor, pero no ha sucedido nada?' Es claramente porque Dios tiene una agenda que impacta el momento y la naturaleza de Su respuesta. Después de pasar por una experiencia escurridora, Job finalmente reveló la agenda de Dios en Job 42:5

diciendo: "He oído de ti de oído, pero ahora mis ojos te ven". Antes de comprender la agenda de Dios para su vida, Job trabajó bajo la suposición de que conocía a Dios. Llegó a la conclusión de que podría haberlo conocido mejor, y ahora lo hace.

Ninguno de nosotros, cuando se nos pregunta: '¿Conoces a Dios?' respondería: "No conozco a Dios". Todos conocemos a Dios, pero lo conocemos de diferentes maneras y en diferentes grados. Entonces, cada vez que Dios quiere revelarnos más de sí mismo, puede optar por suspender o retirar temporalmente la bendición que hemos estado disfrutando por un tiempo para que podamos ver el otro lado de la vida y así apreciarlo más. Eso fue lo que le sucedió a Job.

Aunque alabó a Dios y se regocijó en el Señor, Dios aún retrasó la liberación de Job hasta que recibió la revelación que Dios quería para él. Eso llevó a Job a darse cuenta de que el amor perfecto echa fuera el miedo. Job finalmente vio el defecto que Dios vio en él: el hecho de que, hasta el momento de su calamidad, estaba siendo gobernado por un temor desordenado de Dios.

La declaración de Job en respuesta a su calamidad fue: "Lo que temía me ha sobrevenido". Su declaración después de su juicio fue que "he oído hablar de ti de oído, pero ahora mis ojos te ven". Job 42:5. Conocer a Dios desterró los temores de Job y perfeccionó su caminar con Dios, haciendo de Job una mejor persona y un seguidor maduro de Dios. Al igual que Job, la agenda de Dios para nuestras vidas siempre es buena para perfeccionar nuestras expectativas de Él.

La alegría, como la acción de gracias, es una semilla. Al elegir regocijarse en el Señor, estás sembrando y nutriendo tu semilla de acción de gracias. La Ley de la cosecha dicta que coseches en múltiplos de alegría. Hacer lo correcto, es decir, regocijarse en el Señor, lo protege de desviarse del camino correcto o le permite revertir el curso si ya se ha desviado.

Hacer lo correcto es una cuestión de obediencia y no de sentimientos. Significa decir: 'Dios, elijo alabarte. Te agradezco en esta situación". Aunque las cosas son difíciles, regocijarse en el Señor impide que el enemigo obtenga acceso o haga más incursiones en tu vida, y si has seguido tu camino, pero has decidido hacer lo correcto y decir: 'Señor, no sé cómo llegué aquí, pero elijo bendecirte', Dios se asegurará de que Su bendición te permita volver a encarrilarte.

He compartido mi historia de cómo me deprimí porque las cosas no me iban bien. Lo que descubrí más tarde fue que mientras me concentrara en Dios, la situación era manejable. El gozo del Señor brotaba de mi corazón, y no podía importarme menos lo difícil que fuera mi situación. Las cosas cambiaron para mí en el momento en que me permití distraerme y comencé a preguntarme: 'Dios, ¿por qué todo va bien para todos excepto para mí? En lugar de agradecer a Dios como dictan las Escrituras, comencé a quejarme de mi situación y posteriormente caí en pecado. Satanás, que había estado agazapado, esperando pacientemente su oportunidad para atacarme, se abalanzó sobre mí con deleite y me afligió con depresión.

El domingo siguiente por la mañana, decidí acostarme en mi cama en lugar de prepararme para asistir al servicio de la Iglesia. Normalmente sería una de las primeras personas en abrir las puertas de la iglesia y preparar todo. Mientras me escondía debajo del edredón, Dios me habló y me preguntó: 'David, ¿qué haces aquí?' Sabía que no tenía por qué estar acostado en la cama un domingo por la mañana cuando debería haber estado sirviendo en la casa de Dios, y me sentí convencido en mi espíritu. Sabiendo que estaba equivocado, le pedí perdón a Dios y le pedí que me sacara de la depresión que me había enredado, prometiéndole que nunca más me permitiría estar en esa situación. Asumí la responsabilidad de mi pecado y Dios me dio la gracia para superar la depresión. Han pasado más de treinta años desde ese episodio, y he estado en situaciones más difíciles desde entonces, pero nunca he estado deprimido. Dios me ha guardado por su gracia, y ahora soy más sabio; Estoy decidido a no volver a caer en el demonio agazapado de la depresión.

Por lo tanto, comprenda que incluso cuando se haya alejado de Dios, Su gozo lo llevará de nuevo al camino, porque regocijarse en el Señor siempre es lo correcto. Mientras tengas a Dios en el centro de tu vida, no importa lo que pueda estar sucediendo a tu alrededor. El enemigo siempre quiere distraerte, robarte la alegría y disipar tu fuerza. Él te mostrará lo que Dios no ha hecho y las cosas que no van bien en tu vida, porque quiere convencerte de que enfocarte en Dios no es lo mejor para ti.

Entiende que Satanás es un mentiroso y el padre de las mentiras. Juan 8:44 Por lo tanto, rehúsa jugar su juego, y dile: 'Señor, mis ojos están puestos en ti, y no los muevo, ni siquiera una pulgada. Los mantendré enfocados en ti'. Apartar los ojos de Jesucristo fue el único error que Pedro cometió mientras caminaba sobre el agua y, como consecuencia, comenzó a hundirse. Mateo 14:28-29

Pedro había desafiado a Jesucristo cuando este último vino caminando sobre el agua hacia sus discípulos: 'Maestro, si eres tú, invítame que vaya'. La respuesta de Jesús en una sola palabra fue: 'Ven. Pedro inmediatamente saltó de la barca y aterrizó en el agua, y no en ella. Para su sorpresa, el agua soportó su peso. Pedro caminó cautelosamente hacia Jesús, pero estaba preocupado por las olas ondulantes. Entonces se dio cuenta de lo que estaba pasando y comenzó a dudar. En ese momento, él también comenzó a hundirse y clamó a Jesús para que lo salvara. Jesús extendió su mano y levantó a Pedro, pero con una severa reprensión: "¿Por qué dudaste?"

El miedo y la duda se apoderaron de Pedro cuando perdió su enfoque en Dios. Entonces, para evitar dudas, mantén tus ojos en Dios. Sí, su matrimonio puede estar pasando por una mala racha, pero no se concentre en su cónyuge. Mantén tus ojos en Dios. Sus hijos pueden ser rebeldes, pero no se concentre en ellos. Mantén tus ojos en Dios porque así es como flotas y caminas incluso sobre los peores mares tormentosos de la vida y no te hundes. Confiar en Dios te permitirá regocijarte en las dificultades porque tus ojos están puestos en Dios. Estás demasiado enfocado en Dios para distraerte con las payasadas del diablo. Con Dios, siempre tienes esperanza que brilla una luz en tu oscuridad.

Hace algunos años, algunos científicos experimentaron poniendo un ratón en una lata que contenía agua. Luego, cerraron la tapa de tal manera que el ratón pudiera recibir aire, pero no luz. Unos minutos más tarde, abrieron la tapa y encontraron al ratón ahogado. Repitieron el mismo experimento, pero con una diferencia significativa: perforaron un agujero en la parte superior de la tapa para permitir que la luz entrara en la lata. 72 horas después, el ratón todavía estaba vivo. ¿Por qué? Porque esa luz era un rayo de esperanza de que algo podría suceder, y esa esperanza mantuvo al ratón luchando por su vida.

La alegría tiene el mismo propósito para nosotros que la luz para ese ratón. Te permite mantener tu esperanza en Dios. Por eso David se preguntó a sí mismo: "¿Por qué estás abatida, alma mía? ¿Y por qué estás inquieto dentro de mí? Esperanza en Dios; Porque aún lo alabaré, el socorro de mi rostro y mi Dios. Salmos 42:11

Ahora te regocijas en las dificultades porque sabes que llegará un momento en que te regocijarás en la celebración, pero para llegar a ese final exitoso, necesariamente debes mantener tus ojos enfocados en Dios. La Biblia dice: 'Deléitate en el Señor, y él te concederá los deseos de tu corazón. Salmo 37:4 Al dar gracias a Dios, le estás diciendo a Dios: 'Tengo la intención de hacerte feliz, sin importar cómo me sienta y cuánto me cueste. Priorizar a Dios por encima de nuestros sentimientos lo deleita y hace que se deleite en nosotros. Esto es lo que sucede cuando Dios se deleita en nosotros: "Cuando el Señor se deleita en el camino del hombre, Él hace firmes sus pasos. Aunque tropiece, no caerá, porque el Señor lo sostendrá". Salmos 37:23

Entonces, si el Señor se deleita en ti y tú te deleitas en Dios, no significa que no enfrentarás desafíos. Sin embargo, comprenda que debido a que tiene a Dios de su lado, la victoria ya es suya para apropiarse, porque el gozo del Señor es su fortaleza.

Por lo tanto, damos gracias en todo regocijándonos en el Señor siempre y negándonos firmemente a enfocarnos en nuestras circunstancias, sino que remachamos nuestros ojos en Dios. Satanás te tentará a apartar los ojos de Dios, pero no caigas en la trampa. Una vez que hayas ejercido tu voluntad diciendo: "Me alegraré en el Señor Dios de mi salvación. Le daré gracias al Señor". Debes seguir agradeciéndole. No dejes que el enemigo te detenga. No te quejes de que, 'No importa lo que haga, nada parece estar cambiando'.

Al agradecer a Dios en todo, ya has invitado a Dios a tu vida y has garantizado Su presencia. Has autorizado y estás permitiendo que Dios haga lo que sea necesario para entregar tu victoria. Recuerde que la presencia de Dios implica la plenitud del gozo. Por lo tanto, es solo cuestión de tiempo hasta que tu alegría comience a desbordarse.

Entonces, ¿por qué Dios responderá a tu acción de gracias? Es porque la acción de gracias o el regocijo en el Señor es la perfecta voluntad de Dios para tu vida. Nunca puedes equivocarte. Es por eso por lo que la Biblia dice que se regocije en el Señor siempre, y en todo, dé gracias. Cualesquiera que sean las circunstancias, y por malas que sean las cosas, resuelve dar gracias a Dios con espíritu de obediencia, porque es Su voluntad para tu vida.

Entonces, si alguien pregunta: '¿Eres una de esas personas radicales que siempre están agradeciendo a Dios en todo? Di: 'Sí, lo soy'. Porque ahora entiendes que la acción de gracias es la voluntad de Dios para tu vida. Vacilé cuando alguien a quien respetaba me desafió directamente con esa pregunta hace varias décadas, pero ahora sé que no es así.

Entonces no tenía una comprensión completa de lo que significaba la acción de gracias, probablemente porque estaba comenzando mi viaje buscando conocer a Dios a través de la alabanza y la acción de gracias. Ahora, con el conocimiento y la experiencia adquiridos desde entonces, puedo decir con confianza que soy uno de los que agradecen a Dios en todo y se regocijan en el Señor siempre. ¿Por qué? Porque es la voluntad de Dios.

Concluiré citando las palabras de David. Él dice: "El que ofrece alabanza, me glorifica; Y al que ordene su conducta rectamente, le mostraré la salvación de Dios". Salmos 50:23

La acción de gracias nos prepara para hacer lo correcto, capacitando así a Dios para entregarnos su salvación en nuestros problemas. Entonces, gracias a Dios en todo.

www.ingramcontent.com/pod-product-compliance
Lightning Source LLC
Chambersburg PA
CBHW070814050426
42452CB00011B/2035